当代外国语言文学研究文库

计算机辅助语言学习研究

Studies in the Computer-Assisted Language Learning

主　编　戴培兴
副主编　吴　蕾　　高蕴华
　　　　荣盈盈　　颜帼英
主　审　赵晓临　　方小菊

上海交通大学 出版社

内 容 提 要

计算机辅助语言学习作为一种新的学习形式,它能为行为主义、认知学、建构主义和二语习得理论提供实验平台,然而作为应用语言学的一个学科分支,计算机辅助语言学习也能为外语教学研究提供比较客观的素材和实证。本书汇集在计算机辅助语言学习的领域内的相关文章,分为五个研究方向。

本书可作为英语教师和外语教学研究人员的参考资料。

图书在版编目(CIP)数据

计算机辅助语言学习研究/戴培兴主编. —上海:上海交通大学出版社,2012

ISBN 978-7-313-08801-7

Ⅰ. 计... Ⅱ. 戴... Ⅲ. 英语—计算机辅助教学 Ⅳ. H319-39

中国版本图书馆 CIP 数据核字(2012)第 165604 号

计算机辅助语言学习研究
戴培兴 主编
上海交通大学出版社出版发行

(上海市番禺路 951 号 邮政编码 200030)
电话:64071208 出版人:韩建民
常熟市梅李印刷有限公司 印刷 全国新华书店经销
开本:787mm×960mm 1/16 印张:11 字数:205 千字
2012 年 8 月第 1 版 2012 年 8 月第 1 次印刷
印数:1~2 030
ISBN 978-7-313-08801-7/H 定价:30.00 元

前　言

    计算机辅助语言学习——Computer-Assisted Language Learning(CALL)是从 20 世纪 60 年代初的柏拉图(程序自动教学业务逻辑)系统等正式起步、80 年代逐步流行的语言学习形式,随着计算机性能的不断完善,它的应用为外语教学带来了革命性的变化;它不仅使符号的多模态呈现在课堂内成为现实,也使网络自主学习成为一种学习者喜爱的选择;它不仅使语言技能训练可得到空前的强化,还使语言学习和语言交流的环境获得真实或模拟真实,同时给知识的获取和意义的建构带来了极大的便捷。但是,这些优势也给学生和教师双方带来了严峻的多元的挑战。

一、理论与发展

    教学需要理论指导,计算机辅助语言学习也不例外。在计算机应用于语言教学的过程中,人们提及各种各样的理论,如行为主义、认知学、建构主义和二语习得(SLA)理论等。然而,奇特的是:在理论如何应用于计算机辅助语言教学中,计算机的技术水平起着决定性作用。客观上来说,计算机技术水平的提高极大地推动了教育学理论与语言学理论的应用和各种教学法的推广。同时,行为主义、认知学、建构主义和二语习得理论的应用也迅速推动着 CALL 的积极和健康发展。从宏观上来说,行为主义、认知学、建构主义在 CALL 中的应用标志了 CALL 的三个不同的发展阶段。

    结构主义阶段:以巴甫洛夫创立的经典行为主义(条件反射理论)与语言学中索绪尔创立的结构主义,以及语言教学中的结构主义教学法(语法翻译法)为特征。语法翻译法提倡用母语教授外语,在教学中以翻译为基本手段,以学习语法为入门途径,强调语法在教学中的中心地位。计算机早期就适应了这种理论与教学法的应用,如机械性的句型练习和语法类完形填空等。

    认知主义阶段:以皮亚杰与布鲁纳创立的认知主义(有意义的行为)与乔姆斯基提出的"转换生成语法"的语言学理论以及语言认知教学法为特征。认知法认为,人们通过有意识地学习语音、词汇、语法知识,理解、发现和掌握语言规则,并能从听、说、读、写诸方面创造性地运用语言。认知法强调以学生为中心。计算机作为认知工具和学习资源在听、说、读、写诸方面帮助学习者学习语言,有效地实现了人—机交流。

建构主义阶段：它是由杜威、皮亚杰和维果斯基创立的，以哲学和认知心理学为基础的建构主义（"联系"与"思考"）与韩礼德创立的系统功能语言学，以及语言教学中的交际法为特征。建构主义认为，知识是学习者在社会文化背景下，借助其他人（包括教师和学习伙伴）的帮助，利用必要的学习资料，通过意义建构的方式而获得。建构主义强调自我体验和自主的学习。计算机为学习者提供人际交互的学习平台，实现快速或高效的意义建构。建构主义的应用极大地冲击了传统的知识观、学习观和师生观。

在 CALL 的发展过程中，同样起着重要作用的还有 Krashen 提出的二语习得理论，该理论为网络英语学习在中国的发展揭示了无限广阔的空间，网络计算机为外语学习提供了多元和立体乃至真实的英语学习环境，它最大限度地缩小了外语学习和二语习得之间的外部环境差异，可使学习者的语言技能、语言知识以及语言运用的策略得到全面的发展。

计算机技术和计算机智能水平的不断提升加速了教学理论与语言学理论以及教学法的应用，并使这些理论与方法的应用价值达到了登峰造极的地步。

二、基本模式

本世纪以来，计算机辅助语言学习的具体形式不胜枚举，但是，就其基本的应用模式而言，只有两种，即由 Farrington 和 Ahmad 分别提出的两种三角形模式。首先是 Farrington 模式，即"学生—老师—计算机"模式。Farrington 认为，按这种三角形模式教学，老师起着支配性的作用，计算机起着辅助教师的作用，学生基本处于传统的被动地位。然后是 Ahmad 模式，即"学习者—语言—计算机"模式。Ahmad 认为，按这种三角形学习模式，学习者本人起着决定性的作用，他们从被动转为主动，教师则从讲台前转移到了讲台后。在这个学习模式中，虽然计算机仍然起着辅助的作用，但是它直接支撑着学生的学习，教师的许多作用已由计算机取代，计算机已具备很高的智商和很强的交互能力，可以在设计的范围内与学习者展开高级别的或高效率的交互活动。近十多年来，虽然已衍生出多种学习形式，如讲授型、自主型、混合型、操练型、模拟型等，但是万变不离其宗，它们均在这两种三角形模式之间转换。

三、基本作用

计算机在语言教学中所起的作用非常广泛，它可以用作工具（Tool），还可以担当帮手（Helper），也可充当辅导者（Tutor）或辅导对象（Tutee）等。但是，综合起来它只具有显性和隐性这两大类作用。

1. 显性作用

从微观的角度来看,表现在它的多模态符号呈现与多模态资源的可获取性。多模态符号是指文本、图片、图表、动画、音频、视频、色彩和语音与文本互相转换的模态,多模态资源是指由这些符号组成的各种软件,如因特网资源、语料库资源、商业性和非商业性语言学习软件等。它们为学习者的认知提供了生理和心理刺激,这是计算机对人们的认知能起到的最突出的作用。从宏观的角度来看,显性作用就是平台作用:技能训练与知识学习的平台和真实的交际平台。计算机应用于语言教学,其适应面非常宽广,它不仅能有效地帮助学习者在听、说、读、写方面的强化训练,还能给使用者提供可修改的初级译本,更重要的是它为跨文化学习和跨文化的历时与即时交流拓开了可信而又便捷的通道。

2. 隐性作用

隐性作用也表现在两个方面。一方面,对学习者来说,CALL 会对他们的元认知水平的提高和元认知能力的发展形成很严峻的现实的挑战,尤其是在网络自主学习的情况下。因为就学生而言,自主学习最终能否成功,就取决于他们的元认知水平和能力(包括自我监控能力)。另一方面,对教师来说,不管是以哪种模式组织教学,他们的技术能力、语言能力和理论应用能力(如角色转换能力,课程设计能力、语料库数据的解读能力,以及对教育学、语言学和教学法乃至教学模式进行研究的能力)都受到严峻的挑战。与此同时,这种对学生和教师能力的双向多元挑战也使 CALL 不断地向更高层次发展。

计算机辅助语言学习作为一种新的学习形式,它能为行为主义、认知学、建构主义和二语习得理论提供实验平台,然而作为应用语言学的一个学科分支,计算机辅助语言学习也能为二语习得研究和外语教学研究提供比较客观的素材和实证。十多年来,东华大学的英语教师和研究生在计算机辅助语言学习的领域内,经过不断实践和积累,陆续发表了一些相关文章,逐步形成一个系列,分为五个研究方向。借此汇总和出版机会,我们对我们的探索之路作一个系统的回顾和检查,同时与国内外同行分享和交流,恳请读者不吝赐教。

编　者

目　录

第一部分　网络环境中的英语教学

网络辅助语言学习中教师角色的转变 ……………………… 贺宝林　戴培兴　（2）
利用网络信息技术培养英语交际能力 ………… 方小菊　吴苏苏　张淑琴　（6）
应用多模态影视教学培养研究生的跨文化交际能力 ……………… 程　娜　（11）
网络教学模式对交际法语言教学局限性的消解
　作用 …………………………… 方小菊　张淑琴　马蓉雅　（15）
网络信息技术对英语口语教学的影响 ………… 张淑琴　方小菊　（21）
IRC 会话中的合作原则 ……………………… 孙晓明　戴培兴　（26）

第二部分　英语教学软件的设计、应用与评价

技术与意义生成——论多模态 PPT 在大学英语
　课堂中的应用 …………………… 戴培兴　方小菊　高蕴华　（36）
计算机辅助语言学习软件的评价 …………………………… 李　征　（47）
大学英语口语 CAI：设计和功能 ………………… 冯涟漪　钱　亮　（53）

第三部分　语料库与英语教学

语料库研究的课堂教学价值
　——评《从语料库到课堂：语言使用和语言教学》…… 赵晓临　殷　耀　（64）
基于语料库分析 SHALL 用法 ………………… 闫晓云　戴培兴　（71）
基于中国学习者英语口语语料库模糊限制语的
　使用分析 ………………………… 吴　蕾　张继东　（79）
语料库语言学研究发展趋势 …………………………… 赵晓临　（85）
短语学研究综述 ……………………………………… 阮凤英　（90）
网络语料库索引行信息在外语教学中的应用 ………… 赵晓临　（97）

第四部分　建构主义与多媒体英语教学

图式理论在多媒体辅助大学英语听力教学中的应用…… 卢　静　戴培兴　（104）
建构主义在英语口语教学中的应用…………………………… 吴　蕾　（109）

以学生为中心的听力教学成效探讨……………马蓉雅　戴培兴　方小菊　(114)

大学英语教学资源的可获取性…………………………………李　盛　(123)

变革中的校园英语广播

　　——浅谈大学校园英语广播的有效配置………………………李　盛　(132)

第五部分　网络英语学习的功效与元认知水平

论网络自主学习的功效与学习者元认

　　知的发展………………戴培兴　高蕴华　阮　瑾　吴　蕾　(138)

论视觉多模态话语的符号间性与认知

　　功效………………戴培兴　荣盈盈　阮　瑾　吴苏苏　(145)

多模态语言输入与英语阅读效果

　　研究 ………………阮　瑾　戴培兴　荣盈盈　吴苏苏　(152)

参考文献………………………………………………………………(158)

第一部分　网络环境中的英语教学

利用网络和多媒体等计算机辅助语言教学手段,来培养学生的英语综合应用能力,已经成为英语教学的发展趋势,因为网络环境可以极大地发挥建构主义教学的优势。计算机网络交互具有以下三个特点:信息的组织采取超链接的网状结构;信息的流向和控制是双向多边的;教师和学生同处在信息的接受者与发送者地位。英语课堂中,教师的主要作用不再是直接提供语言信息,而在于组织语言信息、创设语言情境、激发交际需求和学习兴趣,从而引发积极的学习探索活动。同时,在必要时为学生提供信息线索,为学生的语言学习和交际使用提供必要的帮助与支持。这样,教师的控制支配作用减少,而组织和协助辅导功能凸显了出来。在交互媒体的帮助下,学生能够以最适合自己的方式介入交际活动,探索学习和实践交际的自由空间则更加广阔,教学过程中的交际既有了心理需求,也有了技术上的保证。当然,信息流向的改变和控制的多边交互使得教师失去了以往所具有的安全感和确定感,面对学生在探索学习过程中的个性化要求以及各种出乎意料的结果和反应,教师必须做出相应的反馈和引导。这无论是对教师的外语交际能力,还是外语教学能力,以及现代教育技术的驾驭能力和现场思维的敏感性都提出了更高的要求。

本部分各位作者从不同角度研究了网络环境下的学习模式,提出了网络环境下新的师生关系模式的构建,教学法的有效的应用,学生学习能力和语言能力的全面提高。同时对网络环境提供的多模态资源及平台作用进行了阐述。研究发现,网络英语教学促进了教师与学生之间的交流,这使外语学习变得更加生动有趣,使教学更富有创造性。

网络辅助语言学习中教师角色的转变

贺宝林　　戴培兴

摘要：利用现代信息技术辅助英语教学时，教师必须明确自己在教学活动中的角色。教师的地位和教学的其他要素——计算机、教材及学生等息息相关。本文分析了计算机可当作一位老师、一种工具或一种媒介。英语教师在不同的情况下扮演不同的角色，他可以成为主导者、指导者或忠告者。在网络日渐成为计算机辅助教学的重心后，英语教师若要胜任教学，必须具备一定层次的计算机知识与技术。

关键词：网络　计算机辅助教学　角色

0 引言

随着现代信息技术的发展和教学理论的进步，我国的计算机辅助英语学习发展迅速，而网络的普及又给英语教学带来了新的发展机遇。

传统的教学模式是以教师为中心，侧重教师的教，强调通过教师的讲授、板书等传递知识来收到最佳的教学效果，老师是整个教学过程的主宰，学生则处于被动的位置接受知识。随着互联网的出现，教师可以利用网络进行教学，网络提供了丰富的资源和空间。在网络环境下，学生可以最大限度地发挥学习者的主动性和积极性。一种新的以学生"学"为中心的教学模式正在形成和发展，这种新的教学模式与传统的以"教"为主的教学模式完全不同，它是围绕如何帮助学生的"学"而展开。它强调在教学过程中，是学生处于中心的位置，教师应围着学生转。

1 网络为英语学习创造最佳的教学环境

计算机和网络应用于英语教学，给学生提供了一个新的学习环境，对英语教学带来了巨大的改变：

(1) 它是一座浩大无比的信息宝库，能提供多媒体材料、文字、声音、图像等。

(2) 能提供真实的生活教材，例如杂志、报纸、电短片、漫画、广播实况或录音。

(3) 学生可以将自己的文字、录音、图像上传到网页上，与同学和千千万万不相识的人共享。

网络是一个资料库,更是教师创造真正互动式学习环境的最佳媒介(刘根林 2003)。除了可以作为教材外,它还可作为英语听说阅读及会话的教室,教师和学生、学生和学生之间讨论的论坛和测验语言能力的考场。随着网络教学的普及,学生坐在计算机前就能感受到生动、逼真的交际情景,做到在真实的环境中学习语言。网络上的资源大大方便了学生解决学习中的问题,网络将成为未来教育中不可缺少的一部分。

2　网络环境下英语教师的角色改变

在传统的语言教学中教师扮演一个主宰的角色。但是有了计算机后,教师必须对自己的角色重新认识和调整,才能自如地与学生进行真正的交流、讨论,扮演好辅导者、合作者的角色。教师的功能应该集中体现在如何把"信息"转化为"知识",把"智能"转化为智慧(乌美娜 2002)。英语教师已不再是传递信息的工具,教师需要更高层次的教学能力,真正体现教师的"教"是为了让学生"学"得更好的现代教学思想。计算机辅助教学可能有多种不同的模式,教师采取的模式将决定他跟计算机、教材及学生的关系,也就是他所扮演的角色可以是协助者、主导者或参与者。对计算机及软件,他要有所了解,他可以是使用者、评价者及编辑者。

在教师参与的情况下计算机就成了工具或媒介。计算机及多媒体教材使教学中心转移到了学生身上,学生能够选择适合自己的学习策略,控制学习的进程。教师则集指导、监督、咨询、考核等各种不同的角色于一身,其轻重的比例视软件教材和学习目标而定(顾佩娅 1998)。在网络环境下进行英语教学,学生能够主动地学习,作者认为教师必须担当起以下角色:

2.1　课件制作员

虽然教学环境发生了改变,教师仍然是教学活动的组织者,他要达到教学目的,控制教学进度,根据教师的教学设计来进行具体课程内容的教学,在网络环境中,使用多媒体课件是常用的做法,它可以将学生的探索式学习规范在一定的情境中,不致偏离教学目标,所以课件制作是新环境下教师必须掌握的基本技能之一。

2.2　课程辅导员

这是网络环境教学中最关键的角色,在网络环境下,教师的主要任务不再是讲授,而是指导、答疑、解惑。学生在学习中难免会遇到各种问题,学习进度也不同,获取知识的渠道也极为广泛。作为教师,要能随时给学生提供有效的辅导,帮助他们更好地掌握知识。

2.3　网络领航员

网络是一个开放的环境,很多校园网都直通互联网,学生可以方便地从其中获取大量信息。但网络实在是太大了,要找到有用的信息并不容易,另外,网上也存在许多不健康的东西,为了保证学生在网上不迷失方向,教师应该对外语教学有用的信息站点做些了解,为学生提供网络导航,必要时可以把有用的信息预先下载到校园网的服务器上。

2.4　技术服务员

采用新的教学模式后,作业应该也要有相应的改变,目前比较好的做法是要求学生围绕课程内容完成某个主题的作品。这种形式强调知识的应用,避免学生读死书,对提高学生的能力很有好处,是一种很值得借鉴的方法,而这也相应要求我们教师要能够为学生提供技术方面的服务。比如,作品中的特殊技术处理,工具软件的使用指导,一些素材的获取及整理等。

2.5　设备管理员

网络环境中的教学离不开计算机及相关设备,如果我们在这方面下点工夫,对教学过程中设备出现问题会应急处理的话,就能把设备故障对教学的影响减至最小。

3　正确认识英语教师的角色转变

英语教师角色的变化并不削弱教师的地位,如果在网络环境下以"学"为中心的教学过程中,忽视了教师作用的发挥,忽视了师生的交流,那么这种教学必定失败。因此要明确在以学生为中心的网络化教学中,教师只是由场上的"主演"变成场外的"指导",教师对学生的直接灌输减少了,但教师启发、引导作用和事先的准备工作、组织工作都要大大加强,每一个环节若要取得较好的学习效果,都离不开教师(乔治 1998)。因此,教师在整个学生学习过程中的作用不是削弱了,反而更加重了,教师的作用不应有丝毫的忽视。一个好的英语教师要适应这种角色的转变,要当好组织者、辅导者和合作者。

4. 网络环境下的英语教师应具备的基本素质

要充分利用好网络环境,教师是第一要素。关键是要自己多下工夫,在实践中边学边做,具备良好的个人素质,这样才能很快地进入新的角色。

4.1 具有开拓、创新的工作热情

网络环境下的英语教学是一个全新的课题,它需要付出比传统教学更多的耐心,没有高涨的工作热情是不可能尝到成功的滋味的。

4.2 提高自身的专业水平

英语教师要加强自身教育教学理论的学习,并可以阅读和参加网上新闻组的专题讨论,还可以订阅各种论坛的讨论内容,也可以参加实时交谈,这些都可以提高教师的英语专业水平和教学理论研究水平。此外,通过网络还可以了解英语教学研究的最新动向,更新教师的知识和观念,大量接触和体会英语国家的文化,搜集教学和课件制作中所需要的大量资料。

4.3 拥有网络教学的理论基础和一定的网络开发水平

计算机既然是计算机辅助教学中的三要素之一,教师对计算机必须具备一定程度的了解。在多媒体计算机教材日益普及的今天,英语教师对计算机的知识可以分为以下五种层次:
(1) 教师兼计算机使用者。
(2) 计算机教学课件的制作者并能使用网络软件。
(3) 计算机编辑软件的使用者。
(4) 教师会制作简单的网页。
(5) 教师通晓网络语言。

网络技术的飞速发展导致了英语教师的角色转变。英语教师应当不断学习现代教育技术,不断提高业务水平以适应现代科技的高速发展。只有转变教育观念,掌握现代教育技术,研究教学的各个环节,才能适应未来教育的需要。

原载《中国科技信息》2005 年第 2 期

利用网络信息技术培养英语交际能力

方小菊　吴苏苏　张淑琴

摘要：根据人本主义理论、建构主义理论、教育心理学及二语习得等理论，对网络环境下学生交际能力，包括语用能力的培养、文化信息导入、交际心理场构建、交流感的实现以及思辨能力的发展方面所产生的优势以及效果作了分析总结。

关键词：网络；信息技术　英语　交际能力

1　利用网络信息输入语料，培养语言能力

早在 20 世纪 80 年代末，梅德明就指出：在中国学习外语，学生同操本族语者接触的机会甚少，缺少运用外语知识进行言语实践的良好环境，这对迅速掌握外语进行有效的交际十分不利。设立语料库可以使学生充分利用大量的音像和文字材料，在良好的外语环境中增进语言知识和能力（1989）。有研究表明，发展语言的最重要的一个条件，就是要有支持性的外界语言环境，有学习者与环境互动的语言习得的操练过程。然而在母语环境下获得第二外语的能力必然受到母语的干扰和限制，传统模式中课堂、教科书上的语言和操练是远远不够的，因而借助网络学习系统创办外语自主式学习中心是一个有效的解决办法（蒋勋蓉 2009）。网络作为最丰富的支持学习的资源所在地，它的信息资源的丰富性与及时性能够提供大量的语言输入，帮助学生认识大量的语言素材并形成交际体系中的一部分。

2　利用网络构建文化语境，导入文化信息

学习语言，要学语言文化，包括交际模式、习俗、价值观、思维方式及处事态度。然而"文化错误是我国学生在跨文化交际中的主要障碍之一，而且我国学生的文化能力滞后于其语言能力，很难适应跨文化交往需求"（胡文仲 1994）。一个人如果长期生活在母语社会，母语文化的各种观念已经渗透在他生活的方方面面，一旦接触到新文化时，往往会用已形成的文化框架对新文化进行评价、吸收和消化，与旧框架相同的就主动吸收，不同的就予以排斥，这就是语言学习上的"正负迁移"现象。要达到良好的跨文化交际效果，避免误解和冲突，就必须培养学生的文化意

识,开阔视野,客观地理解新文化。因此,重视与语言相互交织的各种文化因素,构建文化语境,进行文化信息导入势在必行。

文化语境,即在某种语言赖以根植的民族里,人们思想和行为的总和,包括政治、历史、哲学、科学、民俗等思想文化意识。语言交际本身就是一种"文化行为",每一种语言文化都有不同于别的语言文化的特色。文化时刻存在于语言的背后,再优秀的语言学习者也会因忽视文化因素而受挫,其交际能力也会受到限制。目前我国高校英语教学对泛英语国家的文化、国情虽然有所涉及,但由于制度的惯性,还普遍存在着信息滞后的现象,学生并不能充分及时地获得泛英语国家最新的有关文化、艺术、教育等方面的信息。随着生活节奏加快,信息无所不在,科技日新月异,传统的教材就越来越显现出不足。

网络所提供的直观场景使学生对不同文化之间的相异之处有了更详细、更深刻的概念,较好地理解并在交际活动中执行新文化的规约。广泛而真实的语言材料使学生感受目的语国家的文化、风俗、价值观念、思维模式、认知方式、社会关系等。由于大量接触东西方文化素材,学生就能够自觉地将目的语文化与母语文化因素进行对比。

网络既是知识传授的介质,又是知识的载体,为学生获取文化信息提供了更为便捷、广阔的渠道。网络特有的超文本链接方式和强大的检索功能,使学生能高效地检索有关信息,并对大量相关信息,进行判断、筛选。如笔者向学生推荐的"普特"免费英语学习网站,使学生沉浸在丰富的自然、文化、人物等信息海洋中,沉浸在自由获取文化知识的乐趣中。大量中西方文化信息的撞击,也为学生语言输出提供了条件。

3　网络环境下交际心理场的构建与交流感的实现

3.1　积极心理场的构建

人本主义理论对英语学习的启示是:教育不仅仅意味着教师向学生传授知识和技能,教师不能把学生看成一个接受知识的容器,而要把他们看作一个活生生的人,学习的内容要体现他们在知识、智力、情感、个性等方面的要求。交际能力是一个复杂的概念,涉及语言、修辞、社会、文化、心理等多种因素。培养英语交际能力,除了要重视语言知识和文化信息知识的积累,非智力因素的作用与影响也不容忽视,师生的心理情绪直接影响交际的质量与成败。因此,积极心理场的构建在课堂交际活动中非常重要。

心理场是西方现代心理学格式塔派运用物理学中有关"场"的理论来表明心理

也是一个应力和应变的系统。勒温认为人就是一个场,人的心理现象具有空间的属性,人的心理活动也是在一种心理场或生活空间中发生的。心理场主要是由个体需要和他的心理环境相互作用的关系所构成。它能决定任何一个情景下的人的行为,能触及学生的精神需要,激发学生的学习原动力(苗惠 2004)。

网络教学平台是一个多种学习资源的组合,是集文字、图形、影像、视频、声音、动画于一体的教学系统,它不仅表现形式多样,它涵盖的内容也是异常的丰富多彩。这种教学平台,为学生提供了超媒体容量大、开放性、扩展性的教学手段和教学内容,也构建起了一个能量巨大且具有高度集成性质的教师心理场。网络为学生提供的多维立体学习环境更能为学生营造一种局部英语"场",充分发挥语言场、势效应与力量。另外,网络环境下所建立的平等的师生关系,使学生更渴望了解中西方的文化差异,便自觉主动地去访问一些英语学习网站,获得历史、地理、政治、经济、文化、教育等方面的知识,更充分地观察西方文化风情,感受西方文化的绚丽多姿,吸收其精华,加快文化知识的积累,提高跨文化交际能力。经常反复的良性情绪体验,促进了语言知识的内化,再通过"迁移",最后就积淀为一种健康的心理状态和良好的个性。这就是网络辅助功能所产生的积极心理场所带来的激励效应。

3.2　利用网络渲染互动氛围,促使师生间的交流

人本主义理论也强调人的内心世界的重要性,把人的思想、情感和情绪置于人的整个心理发展的前沿地位,只有让良性情绪像是空气中的香味弥漫在学生的心灵,在师—生、生—生间才能产生共振效应,达到交流感的实现。交流感,就是"感之于外,受之于心"的体验过程。一个人的行为受外界推动力或吸引力的影响,通过个体自身的消化和吸收,产生出一种自动力。只有学生的主动参与,才能使交际充满无穷的活力。网络所提供的语境的真实性与内容的丰富性及各种语言实践活动刺激学生充分发挥学生的主动性、积极性和参与性,使学生对教学内容、教师态度和情感有了更加清晰的认识,也使学生从情感、心理、思维等方面更乐于参与交流,在交流过程中获得的知识、智慧、能力和信心。

笔者从 2006 年以来,通过网络技术设置、创造或模拟一些场景,制作图、文并茂,声、像组合,时、空统一的课件,设置良好的视听效果和环境场景,增加了生-生及生—师间互动交流,为开展师生互动提供良好的语言氛围。形象逼真的动画,深情的独白,优美的文字和配乐在视觉、听觉等方面为学生创造了一个形象、具体的感受空间。在这样的环境下,学生的思维立刻处于一种活跃的运动过程中,真切而丰富的感受,使他们获得了足够的情感刺激,学生之间在思想情感上产生共鸣,因而产生了交流的欲望;生动、形象的多媒体教学手段很容易使学生产生新奇感,使

学生犹如身临其境,在模拟的环境中感受语言的魅力,从而使学生在使用语言过程中自由表达他们的思想感情,学生的语言能力在实践中提高、再实践、再提高,达到良性循环。

4　培养学生的思辨能力,促进知识构建

交际能力的培养不仅需要大量的记忆和背诵,更要注重培养学生的逻辑推理和思辨能力。建构主义理论认为教育就是赋予受教育者独立思考的能力,强调学习者将自身经验带进学习过程,是积极的意义构建者。其实践方法是教师以解决问题的形式向学生提出问题、概念、论点等,而问题的答案则由学生去探究。长期以来,我国大学英语课堂"知识教学"的片面性造成了课堂教学主体单一化,教学结构模式化,教学目标和教学组织单一化,教学方式静态化和教学生活割裂的局面(董明 2004)。由于制度和惯性的原因,课本上的知识与现实生活相比,无论从应用性还是从时代性来讲,都有着很大差别。课本知识应该与现实生活有着密切的联系,在教学过程中,如果不及时补充与社会生活、时代发展密切相关的课外知识或充满时代感的信息,就无法活化书本上的知识,就谈不上学生对知识的吸收应用,也就谈不上创新精神和思辨能力的培养,即培养学生用新思维、新方法思考和解决问题的能力。

学习过程应该是探索发现和知识建构的过程。在当代信息技术所创造的新环境下需要加强培养学生独立自主的学习态度和方法、批判精神以及强烈的社会责任感和参与意识(李惟嘉 2001)。网络环境下大量多维信息的摄取,学生可以从不同的观点窥测到不同的思维角度、不同的价值取向、不同的判断标准、不同的侧重点,逐渐开阔眼界和思路,从而以客观、全面、发展、辨证的眼光看待问题。笔者曾根据所教班级学生的专业特点,每学期都对具有争论性、对抗性的话题,引导学生思索社会现象和人生百态。在传统课堂上,也许会出现由于信息匮乏而导致学生无话可说的茫然状态,而在网络系统的支持下,经常可看到"仁者见仁,智者见智"各抒己见的情景,讨论开展得风风火火。学生对所学知识充分发挥自己的想象力,经过反复不断地、多角度地进行思考,重新建构了自己在现实交际中对各种问题的观点和见解,使隐藏在心灵深处的先天的创造潜能释放和表现出来。

5　教学结果检验

笔者通过四年的实践,充分利用网络优势,在课堂上改变了学习的主体和客体倒置的关系,学生从知识的被动接受体变成了知识与经验的传播者,使英语学习变

成交流、体验、发现和探索的过程。笔者作为上海市口语精品课项目和东华大学大学英语网络英语教学等项目主持人,2009 年 4 月为来自不同专业的学生分别设计讲授了两堂题目不同的演讲和辩论课,每堂课都有十几人次上台演讲、辩论。由于借助网络信息技术与多媒体手段烘托互动氛围,消除了学生的紧张和焦虑,所以他们表现得非常从容、自信,其结果是学生思路开阔,语言流畅,都能就所给题目积极从互联网上获取信息,并在课堂上进行分享。整个教学过程生动活泼,内容丰富,师生共融,学生"超水平"发挥。因此,笔者认为课堂交际要以一种深厚的文化底蕴渗透其中,用高品位的文化精神去辐射色彩斑斓的社会生活。只有这样,课堂才会成为充满魅力的地方,散发出迷人的色彩。

原载《图书馆理论与实践》2010 年第 2 期

应用多模态影视教学培养
研究生的跨文化交际能力

程　娜

摘要:多模态影视教学具有多媒体化、网络化、开放化的特点。在建构主义学习理论指导下,利用影视片培养学生通过多种模态协作学习,实现对影片的深层次理解,达到提高跨文化交际能力的目的。

关键词:英文影片　多模态　跨文化交际能力

0　引言

伴随现代科技的发展,多模态视听技术被广泛应用于英语教学。教师借助多种技术手段将语言输入的过程在视觉、听觉、感觉等多种模态中予以强化,激发了学生的兴趣,提高了学习能力。

对于语言基础较好的非英语专业研究生来说,除了语言层面的学习之外,他们在对于西方文化深层次解读和交际能力培养方面提出了更高的要求。英文影视作品融声音、图像和文字于一体,可以帮助学生更大程度地融入真实语境,更直观、深刻地了解英语民族的文化背景、生活习惯和思维方式,从而增强其跨文化交际能力。然而,由于缺乏行之有效的教学方法和必要的测试手段,影视欣赏课未能在提高学生英语能力方面起到应有的作用。因此,有必要在教学原则和教学方法上进行探讨,从而形成一套科学的教学模式。

1　建构主义学习环境下影视课的教学设计原则

建构主义观点是由瑞士心理学家让皮亚杰所提出的,在其基础上的学习理论强调以学生为中心,认为学生是认知的主体,是知识意义的主动建构者。同时认为教师的作用应由知识的传授者、灌输者转变为学生主动建构意义的帮助者和促进者(李月林 2003)。教师应当激发学生的学习兴趣,引发和保持学生的学习动机,通过创设符合教学内容要求的情景和提示新旧知识间联系的线索,帮助学生建构当前所学知识的意义。

近些年来,建构主义教学理论与方法体系已开始实际应用于指导基于多媒体和互联网的学习环境的教学设计。其设计原则如下:

1.1　强调以学生为中心

在二语习得研究中,用图式理论(Schema Theory)来解释听力理解主要强调背景知识在听力理解中的重要作用(李冬梅 2002)。在听的过程中,由于缺乏背景知识而未能成功激活头脑中的图式,听力理解就会受到严重影响。因此,在影视欣赏课教学过程中教师应充分发挥多媒体辅助教学的优势,为学生提供丰富的背景知识,充分激活学生头脑中已有的图式,提高其语言层面的理解能力。课堂活动的设计要以学生为中心,充分发挥学生在学习过程中的主体意识与主动精神。

1.2　强调"情境"对意义建构的重要作用

建构主义认为,利用情景、协作、会话等所营造的仿真学习情境能充分发挥学习者的学习主动性,有效实现学习者的意义建构(戴峥峥 2010)。优秀的英文影视作品以其清楚地道的发音和贴近生活的内容为学生提供了真实的语境,使学生置身于真实的文化背景下,深层次理解语言的适用环境,在潜移默化中培养语感,使西方文化和语言的学习自然地结合在一起。例如《阿甘正传》(Forrest Gump 1994)之类的经典影片,不但可以练习口语、听力,还能帮助学生了解美国 50 年代到 80 年代的历史变迁,从而达到培养跨文化交际能力的目的。

1.3　强调"协作学习"对意义建构的关键作用

在影视教学的过程中,由于多模态的介入,可以使学生多渠道获得信息,从而充分调动学生的各种感官参与学习活动。多模态英语教学具有多媒体化、网络化和开放化的特点,为教师、学生、多媒体和网络之间的互动与合作提供了良好的平台,在教师的启发引导之下,鼓励学生积极探索、协作学习,主动构建相关文化知识的意义。

2　影视欣赏课的教学方法

2.1　影片的选取

英文影片类型多样,教师应根据研究生语言水平和教学目的来选取合适的材料。首先影片发音要清晰地道,内容贴近现实生活。比如,描述校园生活的影片《春风化雨》(Dead Poets Society 1989)等;反应社会生活的影片《克莱默夫妇》

(*Kramer vs. Kramer* 1979)、《楚门的世界》(*The Truman Show* 1998)等都是优秀的影视教材。

其次，影片长度也应考虑在内。对于情节性强，语言较为生活化的故事片，时间应控制在一个半小时之内；科普片和纪录片最好控制在一个小时之内，既能让学生了解故事内容，又能留出时间进行课堂讨论和交流。教师可以利用编辑软件来控制影片长度。

2.2　教学过程

影视欣赏课以其独特的优势使学生在真实的语言环境中接触最接近现实生活的语言，在潜移默化中培养学生的语感，了解西方国家的社会文化。根据建构主义理论，影视欣赏课的课堂教学活动可以分为三个阶段：

2.2.1　课前预热

在观看影片之前，教师应根据课堂教学目标利用图片、音乐等丰富的多模态形式对所选影片主题的文化背景设置一定的任务，引导学生展开联想和讨论，从而引发学生的兴趣和进一步体验的意识，如：

A. How did you feel watching the film?

B. Were there any images or sounds you found particularly impressive?

C. How would you rate the film? For example, was it entertaining, instructive, sad, etc.?

D. How was the film changed your attitude towards the problem?

E. Could the film be set in your culture as well?

(Roell 2010)

教师也可以通过观看预告片的方式使学生进入特定"情境"，从而对影片中的人物、社会背景、情节发展做出预测。对于难点词汇和语言文化点，教师应进行整理和讲解并要求学生查阅相关资料，从而开始独立探索与协作学习的过程。

2.2.2　赏析过程

在观看影片的过程中，教师应发挥"组织者"和"向导"作用，给予学生正确的引导，根据影片特点，设计相应的活动环节，促进学生更主动、更有目的地学习。在这一阶段，教师可选择一次完整放映影片，引导学生将影片中人物的生活方式、所体现的风俗习惯与本民族文化加以对比，从而加深学生对文化差异的理解。教师也可以选择间断放映，可在观看主要部分后要求学生使用曲线图等形式，根据主要事件的发展，纪录片中关键人物的感情变化；涉及人物关系复杂的影片，可以让学生以图表形式再现片中人物关系。对于经典片段，可选二次放映，配合翻译、配音、背诵等练习,提高听力和口语水平,加深对文化内涵的理解。以上各个环节相结合,帮助学生对影片做到由浅入深的理解,最后达到输出的目的。

2.2.3　应用阶段

影视欣赏课的最终目的是培养学生的跨文化交际能力,因此应用阶段是不可或缺的环节。在多媒体技术所提供的逼真语言环境中,视觉、听觉、触觉等多种互动模态有机结合起来,为文化导入提供了多样化的环境。教师可以根据学生的语言水平,利用多媒体技术和编辑软件,设计相应的练习活动,包括:复述故事情节,模仿配音练习,视译练习等。影视作品中的经典片段语言风趣、地道,适合学生模仿背诵。如影片《雨中曲》(*Singing in the Rain* 1952)中有这样的经典对白:

Don to Lina:"There is nothing between us. There has never been anything between us. Just air."

Cosmo,about Lina:"She can' act, she can' sing, she can' dance. A triple threat."

此外,教师还可以通过网络平台,进一步为学生提供相关的文化补充资料,组织学生展开进一步的探讨和辩论,或者以小组为单位进行讨论,最后整理材料形成总结报告,在班级范围内演讲。这一方法较为适合研究生层次的学生,他们具有较强的逻辑分析能力,能够透过表层语言现象深入思考分析影片所折射出的意识形态和文化差异,从而提高他们的跨文化交际能力。

3　结语

要真正掌握好一门语言,就必须了解这种语言与其民族文化之间的密切联系(刘君涛 2008)。影视作品是文化的载体,它集政治、历史、宗教、艺术于一体,以其生动形象的特点使学生最大限度地融入真实的语言环境。就研究生来讲,他们不仅需要通过欣赏影片在语言层面上有所提高,更需要对西方文化的特点加以了解。

在建构主义理论指导下,利用多媒体技术和网络环境,通过影视欣赏课培养研究生跨文化交际能力,是一种十分有效的教学方法。学生通过各种模态的协同、互补,在真实语境中学习地道的语言,同时根据教学环节的设计去协作分析、探讨西方文化,实现对影片的深层次理解,将语言上升到真正意义上的交流,达到培养研究生跨文化交际能力的目的。

网络教学模式对交际法语言
教学局限性的消解作用

方小菊　张淑琴　马蓉雅

摘要：随着网络技术的迅速发展，互联网对大学英语教学产生着广泛而深刻的影响。本文认为网络技术的资源共享性、集成性、交互性对交际法语言教学所存在的缺陷能进行有效的消解，使交际法为我国的大学英语教学发挥更好的作用。

关键词：网络教学模式　交际法　语言教学　局限性　消解

0　引言

胡春洞（1990）指出：交际教学法的实质是：教学过程就是交际过程。教学过程的交际化主要体现在：第一，以语段为教学基本单位。语言材料的选择力求真实、自然；第二，以学生为中心，教师的重要作用是组织各种活动，让学生在各种活动中学习外语；第三，教学活动以内容为中心，大量使用信息转换、模拟情景、扮演角色、游戏等活动形式；第四，对学生的语言错误采取容忍的态度，不以频繁的纠错打断学生连续的语言表达活动。网络的现代性、高效性、创新性和多维性为人们提供了自由选择的空间，并且以其特有的虚拟性、交互性、符号性、图像性、时空延展性等特征，拓展了人们社会生活的空间。在网络教学模式的应用中，教与学活动的开展不是单一的，其教学效果是优化和全方位的。学生的言语能力、语言知识与文化素质以及创新能力呈立体交叉地发展。网络教学模式是以现代语言学、外语教学理论、教育信息技术学、系统科学为理论依据，是众多教育科学理论的具体应用和发展。网络提供了交际法所要求的丰富多样且先进的教学设备、设施等外部硬件，对交际法的完善起到了促进作用。

1　交际法产生的背景、核心内容与实施局限性

交际法产生于 20 世纪 70 年代初。当时随着欧共体成员国的扩大，使用的语言增多，产生了沟通障碍，影响了布鲁塞尔机构的运转和西欧各国间的交流。在此背景下，由美国社会语言学家 Dell Hymes 在 1970 年提出交际能力

(communicative competence)这一概念,她认为语言的本质功能是进行社会交际,而后 Canale & Swain 又将其补充概括为 4 个方面:

(1) 语法能力(grammatical competence),包括对词汇,构词规则,语音,句法等方面知识的掌握,是指正确理解和表达话语(utterance)、遣词造句的能力。

(2) 语言的社会方面能力(sociolinguistic competence),指交流时对所处不同的社会语言环境的理解和表达话语的能力,包括对角色关系(role relationship)、交际双方的社会地位(status of participants)和交际目的(purposes of interaction)的理解能力。交流应该在语义和所处语言环境两方面都是适当的。

(3) 语篇能力(discourse competence),指将语法和意义结合在一起,用口头或书面形式连贯地表达不同种类语篇的能力。语篇的完整统一通过语言形式的衔接(cohesion)和语义的连贯(coherence)来实现。

(4) 策略能力(strategic competence),指为了加强交际效果或弥补由于缺乏交际能力等因素引起的交际中断所使用的策略,包括言语(verbal)和非语言(nonverbal)两方面。策略能力也是在交际过程中的应变能力(Canale & Swain 1980)。

交际教学法(communicative approach)指出语言教学中应以交际活动为纲,以培养学生的交际能力为目的。Dell Hymes 认为语言是社会交往中用来完成各种功能的工具,交际法的核心内容是"用语言去学"(using language to learn)和学会用语言(learning to use language)。概括起来如下:

(1) 语言教学的目的是培养交际能力。

(2) 教学内容符合交际需求。

(3) 教学过程要交际化。交际法并不是一种单一的,固定的教学模式,交际法的运用要遵循沟通原则、任务原则和意义原则(Hymes 1972)。

在课堂学习中,学生在多数情况下处于某种"交流"、"交往"、"交际"的场景中,通过听、说、读、写等具体的行为去获得外语知识和交际能力。Dell Hymes 倡导的"功能—意念大纲"强调交际能力的培养在语言学习中的突出地位,其中将语言的得体性和社会环境融入到语言水平的发展中来,这对我们将多媒体技术运用于大学英语教学中有着重要的指导作用。但是在我国,交际法教学常常处在非英语环境中,除了课堂教学以外,其他手段的运用是很有限的,学习者在使用中学习语言的机会也是有限的,与实际的语言环境有很大的差异。一方面,交际教学法已经被公认为是培养和提高学习者语言交际能力最行之有效的教学方法之一;另一方面,随着时代的变迁,交际教学法的局限性与不足亦越显突出,主要是不能解决信息输入的高密度和语言输出的高效率等问题。交际教学法的局限性主要表现在三个方面:一是内容只限于教师与课本的传递结构,二是交际教学法无法提供完全逼真的真实语境,三是交际教学法不能适合所有的教学对象。

2　网络教学模式在我国的应用现状

　　网络教学也称为现代远程教学,是指在现代学习理论的指导下,利用计算机化的媒体和网络通讯技术来组织教学、实施教学和进行交流,从而完成教学过程的各个环节。它是基于计算机多媒体(技术)和互联网(技术)发展起来的,具有双向实时互动功能,鼓励交流与共享。

　　网络教学作为现代教育的一种方式,具有非凡的表现力,将我国的大学英语教学引入一个全新的境界。目前,我国很多高校都进行了大学英语的网络自主学习的模式的教学试点,学生可以通过网络平台自主学习,即自主制订学习计划,自主选择学习内容,自主选择学习时间,自主进行自我测试,自主进行学习交流。英语教师从传统的知识传授者向课程设计者、环境构建者、活动组织者和参与者等角色转移。教学过程由原来的"如何教"转变为现在的"如何学",真正成为"以学生为中心"的教学。网络技术为学生呈现出真实的语言环境和生活环境,教师根据教学的需要,选取有用的素材,设计课堂中的影音资料、会话片段及课后的讨论题目,使学生对教学内容产生浓厚的兴趣(朱淑华 2005)。同时网络技术具有多样性、交互性和集成性,使大学英语教学资源除了传统的以印刷材料、音像视频材料为主的信息载体外,又有了更宽大、更快捷的网络信息载体。网络技术所提供的各种直观手段,使大学英语教学过程具有多媒体信息的显示、友好的交互界面、非线性的信息组织结构等特点,引发学生丰富的联想,从而提高学习的兴趣和效果。

3　网络教学模式对交际法语言教学局限性的消解作用

3.1　网络技术的实时弥补了交际活动中信息不足的问题

　　交际法认为,语言教学的目标就是培养学习者的交际能力,而语言交际能力的培养要求首先有大量真实语言材料的输入,再通过反复操练和实际运用,逐渐转化为学习者内在的语言能力;主张语言在课堂上既不是知识,也不是内容,而是交换和获取信息的手段。20 世纪 80 年代以来,尽管交际法走进了我国的英语课堂教学,由于各种原因,英语教学仍然处于教师以课本为中心的落后状态。信息滞后对交际活动的质和量起着举足轻重的作用。网络是一种将视听信息传播能力与计算机交互控制功能相结合的新型信息处理系统,它所具有的传播的实时性,使信息传播能够达到同步的效果,就如同电视直播一样。因此,网络教学模式可以打破传统课堂教学的时空限制,实现教学资源的充分共享。同时,大量的真实语言材料为学习者提供了真实的语言环境。多媒体阅读材料具有声、图、文并茂的特点,能作用于学习者的多种感觉器官,使其如同身临其境,从而获得最大限度的信息量。

教师在教材方面不再局限于教材中的内容,可根据教学需要,更新和充实教材,使教学内容新颖、富有时代感、有趣、充满吸引力。多纬度、多渠道地进行文化信息输入,保证了语言与交际过程的同步性。其信号符号系统包括文本、图像、音频、视频、动画等,其信息呈现多样化,既可用文字或动画虚拟实景过程表现抽象的概念和原理,又可用声像展现时事新闻等。利用网上下载文化信息为教学提供相应的背景知识,可以帮助学生更多地了解目的语的文化内涵,使教学内容更加丰富多彩、更加贴近生活、更加具体生动。其结果是教学内容外在形式的生动性与内在结构的科学性紧密结合起来。

3.2　网络教学模式为语言交际提供逼真的语境

交际法倡导教学过程交际化,要尽量用生活中提取出来的实际任务来组织教学活动。在具体的教学中,交际法强调语言的意义和交际功能,强调真实、地道的语言材料和情景,强调语言使用时的流畅性。教材必须反映目标语在现实生活中使用时的社会文化语境,才有利于培养学生恰当、得体地使用语言的能力。教师如果将词汇、语法结构与日常生活中使用的真实语言材料结合起来,让教学内容反映真实的社会活动,就可以弥补语法知识无法体现语言语用性的不足。传统教材中的语言材料来源于真实的话语,也有安排在典型情景中的,但由于真实的语言材料一旦编成教材,也就成了固定的、静止的语言材料。这也难以应付千变万化的课堂交际活动的过程。因此,尽管功能法(交际法)企图以模拟情景、扮演角色、咨询和提供情报等交际手段,把教学过程变成交际过程,但这些交际手段比之学习母语或在国外生活的自然情景中学习语言,总还带有些虚假性(章兼中等 1985)。由此,Hymes 阐述了交际能力的四个特征:一是能辨别、组织合乎语法的句子;二是在适当的语言环境中使用适当的语言;三是能判断语言形式的可接受性;四是能知道语言形式出现的或然率:是常用的习语,还是罕见的个人用语(Hymes 1972)。学生需要通过耳濡目染才能掌握外语,教师的任务是给学生提供和创造真实的、逼真的言语交际的情景和创造性地运用语言的机会,不是简单重复的角色扮演,而是学生在使用语言过程中自由表达他们的思想感情。

传统课堂中交际活动的进行,由于缺乏真实自然的语言情境,只限于对教材编者想象到的基本日常交际活动的学习和机械地重复操练,往往会造成学习者学得生硬呆板的印象,令他们感到无聊,兴趣索然,而学习者一旦遇到新的或超出常规的情景便无法应对。网络多媒体则为学生提供了丰富的真实、地道的语言感性材料和逼真的语境,使学生的形象思维能力有机结合,创设最佳情境,形成语言与情境密切结合的交际认知模式。

3.3　网络的虚拟性和交互性增加学生的有效话语

有研究证明,即使在采用交际法的英语课堂中,教师话语也占了一半。其原因在于课堂教学时间短,学生交际活动范围和内容都受到限制。心理语言学认为,言语活动的过程既是认知的过程又是交际活动的过程,因此,每次言语活动的结果,即言语作品,无论从其内容还是从其所使用的形式来看,都是富有创造性的,而不是千篇一律。而课堂教学缺乏交际意图且信息质量差,在这样的交际教学中,学生的思维没有真正参与活动,不能称为交际活动。"真正的交际应该是通过学生的思维活动、情感活动以及其他一切心理活动来激发学生的情感和训练学生的英语交际能力,达到学习语言的真正目的"(黎静 2002)。英语口语能力、听力水平的提高,最简单的方法就是融入英语交流的活动中。网络教学模式在课外补充了大量的语言实践活动。随着虚拟现实技术的发展,网络成为一个开放和平等的交流平台。学生可以置身于完全真实自然的环境,实现人机对话,充分发挥学生的交际认知作用。

根据社会语言学的观点,语言要受社会、使用语言的人以及政治、经济和文化等多方面因素的制约。语言脱离了社会的政治、经济和文化,脱离了使用语言的人,就不成其为语言。培养学生掌握交际能力最能体现语言的社会本质职能。而大多数交际法实施者关注的只是较低层次的交际文化,忽视了看似与语言学习者的交际需求无直接关系的人文学科方面的熏陶与培养。这实际上不利于学习者交际能力的提高。网络所提供的虚拟环境,使学生不仅可以多层面、多角度地接触语言知识和文化信息,还可以通过个体交流或群体交流形式进行互动并表达他们实际想表达的思想内容。心理学研究表明,一个人的创新精神只有在他感觉"心理安全"和"心理自由"的条件下才能获得最大限度的表现和发展。在虚拟的网络空间,人与人的交往表现为符号与符号的互动。由于远离他人在场的压力,日常生活中被压抑的许多东西在其中无约束或低约束的状况下可以得到尽情地宣泄,也能较好地实现有效话语。

3.4　网络的集成性有利于正确语音的构建

人类语言由语音和文字组成。人类交际过程是声音与图像、言语与情景相互依存和互为作用的结果,是使用语言表达思想的过程。由此可见语音对口头交际的成功与否起着极其重要的作用。在我国,由于英语是外语,学习者大部分是在较好地掌握了母语的情况下学习英语,学习者在英语语言学习过程中在语音和句法结构上受母语的影响较大,也会产生各种语义上的误解或歧义。交际法教学提倡交际,试图让学生通过交际习得语言,强调流利,认为在交际过程中,随着学生交际能力的提高,通过语义协商获得可理解的语言输入,错误自然会逐渐消失。心理语言学的功能派还认为,学生在使用语言进行交际的过程中犯语言错误属于正常现象,错误是学习语言过程中一个由"不完善到完善的路牌"。这好像是小孩学习母语过程中存在中介语一样,标志着语言学习中各个阶段的发展水平。学生学习外语的过程是一个从常常出现错误的不完善的阶段逐渐向不出现错误,达到完善的阶段的过程。不完善的中介语中的错误不必纠正。但一些研究发现,事实并非如此。如果让学生随意使用语言进行交际,对不影响交际活动的语言错误又采取放任自流的态度,那么学生反而会认为这种错误的表达是"正确"的,会把错误内在化,这种情况在语音方面的反映尤为突出。一旦错误的语音内在化,就很难再纠正过来。所以要防止语言错误的僵化,应当对学生语言输出中的问题提供清楚的认知信息,认知反馈必须伴以积极的情感反馈,否则学生会放弃交际的努力(陆萍2002)。

交际法强调交际,导致了对于语音教学的兴趣下降甚至消失。忽视语音教学直接影响口语交际能力的培养,也制约着大学英语总体教学质量的提高。对此,Stern(1992)指出,"如果我们认真考虑一下交际所包含的内容,亦即理解与被理解,那么,毫无疑问,发音中的严重错误是不可容忍的。"

根据行为主义心理学和行为主义教学理论,刺激反应是语言学习必备的条件之一。它把外语学习过程归结为刺激—反应的过程,归结为图像和声音信息刺激反复作用于感官,经过一定时间之后建立起条件反射。网络模式的一大特点就是多媒体技术的集成性,即集图像、声音、文字于一体。这一特点形成对学习者感官的刺激,能更好地内化所呈现的知识。学生感受声音刺激,多个器官受到反复的刺激后,学生受到潜移默化的影响,就会形成良好的语感,而语感正是防止口语表达中出错的前提。

4　结语

任何一种教学方法都必须服务于目的。外语教学法各流派的产生,同社会的发展、学习者的动机有着密切联系。网络教学模式的引入,并非对交际法的否定,而是利用网络技术的优势,从技术手段上弥补交际教学法在操作中的缺憾,解决交际法所面临的难题,这样交际法才能更加完善,在我国的大学英语教学中更加得到普及和更好的应用。

原载《东华大学学报(社会科学版)》2009 年 03 期

网络信息技术对英语口语教学的影响

张淑琴 方小菊

摘要：指出了传统的英语口语教学中存在的问题,并分析了在建构主义理论指导下的应用网络信息技术对英语口语教学所产生的影响及特点,从而使英语口语教学从内容及方法上不断优化及更新。

关键词：网络信息技术 英语 口语教学

0 引言

社会对外语人才需求的重大变化,理所当然地要求外语教学思想与方法必须与时俱进。改革开放以来,国家和社会在诸多领域的各种涉外交往活动前所未有地大大增多了,特别是中国加入 WTO 以后,国家和社会对具有较好的外语(尤其是英语)口头交流能力的人才需求成百倍地增长,既懂专业又有较强的外语交际应用能力的理工科等各种应用类专业的大学毕业生备受社会青睐。与此同时,传统的教学模式、教学方法就应尽快做相应的改革,以适应培养具有较强外语交际能力的应用型人才的需要。

英语作为世界通用的语言之一,是国际间交流的重要工具,精通英语已成为衡量高素质人才的一项重要标志。根据建构主义的核心概念,学习者要与周围环境交互作用,可以加强对学习内容的理解或者说对建构知识意义起到关键性的作用。作为英语教学工作者,在教学实践中应以科学发展观指导自己的工作,以教育信息化和现代化为理念,用心研究网络信息技术与口语教学的整合,通过积极利用现代网络信息技术,尽快地增强学生的英语口语表达能力和交际能力。

1 网络信息技术对英语口语教学的重要性

有专家认为,21 世纪的一个重要特点就是信息科学及其应用的高速发展。在教育领域内,就是要以信息化带动教育的现代化,实现基础教育的跨越式发展。网络信息与学科的整合改变了教学模式、教学内容、教学手段与教学方法,从而最终导致整个教育思想、教育理论的根本变革。尤其是,信息技术本身具有许多对教育、教学过程而言不同于一般的特性和功能,对英语的学习者,特别对英语的口语学习者,可以提供合适的视觉、听觉交互式的语言环境,这为提供语言训练和模仿起到其他教学手段无法比拟的作用。这种丰富的教学资源,能激发学生学习的主动性和自觉性,有效地培养学生选择信息、管理信息和分析加工信息的能力,进而把现代教育技术与学科的整合作为深化教育改革的"突破口"。因此,必须以极大的努力,进行信息技术与英语口语教学的整合,使之融为一体,在先进教育理念指导下,发挥信息技术在英语口语教学中的功能作用,推进信息技术为英语教学有效的服务。笔者从 2002 年开始实践,改变传统死板的教学模式,将网络信息技术融入英语口语教学,改变了过去口语教学中的"偏、费、差"现象,增加了课堂教学的信息量和教学活动密度,加快了课堂节奏,学生的语言能力、交际能力及思维敏捷性都提高了。

2　网络信息赋予英语口语课浓郁的时代气息

英语口语课要体现与时俱进的思想。网络信息技术融入英语口语教学后,最大的特点就是语言选材能充分体现时代气息。网络信息技术的融入,改善了口语课堂的语言环境。许多人都把语言的环境理解为地理概念,其实不然。建构主义认为学习环境是学习者在其中进行自由探索和自主学习的场所。在网络环境下学习,学生不仅能得到教师的帮助与支持,而且学生之间还能进行互动,这样的学习环境是一个互相支持和促进的学习场所。语言的环境实际上是一个条件反射的场所,语言环境中信息的传播不光是通过人与人对话,还可以通过其他媒介的传播形式。我们虽然不否定传统的口语教材也具有权威性、学术性和知识性的特点,是前人经验与知识精华的结晶,凝结着众多国内外专家、学者的心血。但是在这样一个信息爆炸、知识呈几何级数增长的时代,传统口语教材就显现出它的滞后性与局限性。传统教材在内容方面往往显得比较枯燥,学生在练习时常常感到兴趣索然。面对知识和信息迅速地增加和变化,网络信息就弥补了传统口语教材的不足。网络的迅猛发展,资源越来越丰富,突出了口语材料的时效性。

语言是文化的载体,要掌握一门外语,就必须对使用这一语言的民族及其历史、地理、宗教、习俗等文化因素有所了解(黄建滨 2003)。网络信息的应用还容许学生参与教学材料的提供和应用。在教学过程中,学生变成了教材的主要受体,他们能提出自己的鉴赏感悟。他们从自己的兴趣和经验出发,提供给口语课堂丰富的与生活密切相关的学习素材。在主题讨论课上,学生选择的话题都是现实生活中人们关注的"热点"和"焦点"问题,能强烈地引起学生的思想共鸣,并产生浓厚的探索欲望。教师在口语教学中有效地开阔了学生的视野,调动学生的各种感官,发挥了学生的主动性作用。在课堂上通过高密度地展示信息的手法,建构了一个良好的语言环境,从多种角度让学生在交际和实践中,获取、感受和体验丰富的语言内涵。学生在教师的指导下仿照科学探究的过程,围绕问题,自主收集信息、处理信息和应用信息去解决问题。在认知得到提高的基础上,让学生学会上网搜集整理资料,培养其信息的加工处理能力,提高学生的信息素养。学生的注意力真正能被吸引到课堂上来,就会形成以学生为中心的多维信息空间,让他们感受到知识的真实、形象有趣与实用,使学生对英语口语的学习产生兴趣,进一步提高其自学能力。

3　网络信息技术融入英语口语课教学符合人性化学习理念

建构主义理论认为:知识不仅仅是通过教师传授获得的,而且是学生在一定情景社会文化背景下,凭借其他人的帮助,利用必要的学习资源,通过意义建构的方式获得的。这种理论提倡在教师指导下,以学生为中心,学生是学习任务的完成者,在知识的传播过程中,学生应当被认为是一个非常活跃的因素。口语课的形式不仅仅是词汇的学习和语法结构的训练,它更应当体现学习者个性的张扬,从方法和内容上体现"人性化"学习理念。因此在口语教学中一定不能忽视学生的个体差异,要以平常心对待学生学习能力存在的不均性,尊重学生对学习材料难易程度的选择。网络信息环境下,英语口语教学法建立在更科学的基础上,有效地发挥了学生的个体优势,他们主动融入课堂教学活动,从而能够获得自主学习的能力,打下较强的自我提高英语应用能力的基础,促进了交际能力的培养。学生在宽松、愉悦、兴奋、共鸣的氛围里经常反复地、自然地开展以英语为媒介、有目的的互动式交流,不仅能为自己营造和提供具体的、经常的英语交流实践机会,也得到经常性的锻炼—耳熟(聪)、嘴顺(溜);更重要的是能在教师—学生、学生—学生之间形成一种无形的语言"场"和"势",聚合并强化这种"场"和"势",能积极、有效地影响、感染学生,从而产生从众乃至改造效应,成为学生进步、提高的有形的教育推动合力(张淑琴 2003)。

4　网络信息技术环境下的学习增强了学生的心理反应机能,加快了知识的嫁接与内化过程

语言是思维的物质外壳。从认识论和心理学上分析,当语言应用主体还没有形成用非母语的外国语作为第一思维工具,或还未达到自如表达时,一般在实际交流对话即听、说过程中,往往需借助第一思维语言作中介进行局部的快速转译思维

心理活动。一旦这一快速转译思维活动失败,就会加剧学生的心理负担。如果学生以更多地直接参与具体听、说交流的实践机会,训练和改善学生的思维—心理反映机能与素质,激发学习兴趣,克服羞怯心理,增强自信心,就会达到较好的教学效果。锻炼与强化学生的心理反应机能,提高学生认识—实践过程的速度、质量和效率,应是口语教学活动的根本目的。不仅有利于锻炼提高学生的听、说能力,还有助于学生逐步把英语作为主要思维语言,融会、内化具体教学内容。因此,网络信息融入口语教学体现了建构主义"以学生为中心"的教学设计理念。由于学生性格特点及文化背景不同,再加上我国基础英语教学起步较晚,学生在中学阶段英语学习中口语练习荒疏,每个学生在英语听说方面得到的培训各不相同,所以有的学生在口语课上感到孤僻、郁闷、内向,甚至焦虑,不愿开口;有的同学长期处于被遗忘的角落。而网络信息,尤其是学生们所熟悉的信息的大量输入,使口语教学呈现出丰富性、多变性和复杂性,从而改善了口语较差的学生在口语课上产生的怀疑、困惑、焦虑的心理状态,克服了口语学习中非智力因素的影响,如心理活动不畅、思维迟钝等,驱使他们积极思维并享受探索带给他们的快乐。笔者在 2006 年所带的两个新生班中,许多学生都有过类似的经历。网络信息环境下的口语训练还建立了教师与学生之间的平等关系,将以教师为中心的教学模式,变为教师引导、鼓励和组织学生积极参与、师生互动的教学运作模式。教师通过调动学生的主观能动性,利用必要的物质手段与科学的思维方法,帮助学生将知识信息内化,即将其嫁接、融会到学生已有的知识体系中,转化、上升为新的较高层次的知识系统。

5 结语

当然,在应用网络信息技术进行口语教学的同时,还应尽快解决一些问题,如:学生如何确定所讨论的主题需要的信息资源的范围,从何处获取有关的信息资源;如何整理并有效地利用信息,以及教师如何向学生提供及时有效的帮助等。最重要的是尽快培养具备良好英语专业素质和熟练掌握计算机及网络技术的教师队伍,尽快提高英语教学的专业课件制作水平;将丰富的英语口语教学经验与娴熟的计算机及网络技术方面的知识和操作水平相结合,从而适应网络时代英语口语教学的要求。

网络信息虽然不能从根本上弥补现行的英语口语教学形式的不足,但网络信息技术是建构主义应用于口语教学的先决条件,网络信息环境下的口语教学对提高学生口语能力和交际能力的培养起到突破性的作用,使口语教学突出时代感和针对性,调动学生的积极性、主动性、思考性,真正实现英语口语教学目标的综合化、教学过程民主化、教学方法多样化和教学技术信息化。随着人们对信息技术与英语口语教学整合的重视、深入探究和实践,建立一套在建构主义理论指导下的新的教学设计理念与方法体系,将能促进英语口语教学从内容到方法得到不断优化、更新。

原载《图书馆理论与实践》2008 年 04 期

IRC 会话中的合作原则

孙晓明　戴培兴

摘要：从语言交际原则的角度出发，探讨在聊天室这一电子媒介里交际主体在运用和偏离格莱斯合作原则上的表现，讨论其成因及为了达到交际目的而采取的补偿策略。指出聊天室会话具有由实时互动性所带来的对数量准则的违背、由匿名性造成对数量原则和质量原则的违背、由缺少副语言而导致对关系准则的违背 3 个特点。

关键词：语言交际　计算机中介交流　IRC　合作原则

0　引言

20 世纪后半叶以来，计算机技术的发展以及互联网的普及给人类社会的方方面面造成了深刻的影响，并在很大程度上给人们的信息交流带来了革新。越来越多的人开始通过电子邮件、电子公告板、聊天系统等电子媒介与他人进行交流。与此同时，一种新的交际方式——计算机中介交流（Computer-mediated Communication，即 CMC），特别是聊天室（Internet Relay Chat，即 IRC）为人们提供了一种新的交际空间和交流途径。

网络交际，特别是聊天室中语言交际的一大特点就是存在大量不规则的语言形式和语法形式，这使其与手机短信具有很大的相似性。初次接触聊天室的人会为此感到困惑不解，认为其中存在语言交际原则的缺失。实际上，作为一种交流方式，即便在网络交际过程中，交际主体要确保交流的顺利进行，实现自我的交际动机和目的，必定也遵循着一定的语言交际原则。计算机中介交流具有其自身的特点，如实时互动、匿名以及缺少副语言（paralanguage）等，这使"交际原则的运用部分偏离了原有规范体系。也就是说，日常语言交际中某些违背交际原则的非常态行为，在网络中可能变成常态行为"（李蔚然 2004），也使网络交际主体在遵循交际原则的基础上，较之传统媒介呈现出新的特点。本文从语言交际原则的角度出发，探讨在网络交际，特别是在聊天室这一电子媒介里，交际主体在运用和偏离格莱斯（H. P. Grice）合作原则上的一些表现，讨论这些表现的成因及在这种情况下交际主体可采取的补偿交际策略，以确保交流的顺利进行。

1　计算机中介交流

1.1　CMC 介绍

CMC（Computer-mediated Communication），即以计算机为中介的交流，是随着计算机和互联网的相继出现及其飞速发展而产生的一种新兴的信息交流方式，一经出现就给人们的信息交流带来了革命性的影响，因而广受学者关注。鉴于计算机中介交流的社会性，传播学者、社会语言学家、语言人类学家等都在研究由此产生的社会文化影响，特别是观察人们在网络话语环境下如何使用语言并处理相关的问题。

通过观察，人们发现计算机中介交流与真实情况下的交流存在着一定的差别：真实情况下的交际，即面对面（face-to-face）交际是一种多渠道的交流方式，交际主体除了通过语言文字这一基本媒介进行交流之外，还可以通过肢体语言、副语言等方式进行信息的传递，因此被称作"富媒介"（rich media）；而 CMC 是一种基于文本（text-based）的交流方式，信息传递只能通过视觉渠道，通过键盘等输入设备输入并在荧屏上显示出来，因此被称作"瘦媒介"（lean media）（Herring 2001）。

1.2　同步聊天组

Crystal 根据网络交际发生的情景将计算机中介交流大致分为 5 类：电子邮件（e-mail）、同步聊天组（synchronous chat groups）、异步聊天组（asynchronous chat groups）、虚拟世界（virtual worlds）和万维网（World Wide Web）。鉴于本文主要研究聊天室中语言交际对于合作原则的运用和偏离，因此将焦点主要集中在同步聊天组上。

同步聊天组与异步聊天组相比，与真实生活中的语言交际具有更多的相似之处。比如：聊天室中的语言交际和真实生活中的语言交际一样都受到时间的限制；聊天室中的交际具有同时性，句子结构较为松散、实时互动等特点。这些也是口语交流所具备的重要特点。Crystal（2001）通过一系列的观察和研究总结认为，与口头语相比，互联网上使用的语言与书面语具有更多的相似之处；但他也注意到最好把聊天室语看作被往口头语方向拉的书面语（黄国文 2005）。相应地，Werry（1996）也指出，由于 IRC 中的语言交际缺少副语言暗示（paralinguistic cues），为了达到交际目的，交际主体必须采取各种策略来弥补这一缺陷，这在某种程度上也反映出"网络交际主体倾向于创造出一种近似于口语的语言"。同时，大量简略语的使用也加重了这一印象。Abras（2007）也将聊天室语称作"假口语"（pseudooral)。而我国学者林秋茗从交际环境和表达手段两个角度,称聊天室会话是以书面形式使用口语体的典型例子,并将其通俗化为"笔谈"或"写话"(2003)。鉴于聊天室会话与面对面会话有众多的相似之处,我们可以把它理解为是面对面会话形式在信息时代发展的新趋势,体现了自然会话在网络上的新形势(孙毅宾、何瑞华2006)。

2　格莱斯的合作原则

合作原则(Cooperative Principle)是美国哲学家格莱斯在20世纪60年代后期首次提出的。他认为在所有的语言交际中,说话人与听话人之间都有一种默契的合作,使整个交谈过程所说的话符合交际的目的和方向。合作原则具体体现为四条准则:数量准则(Quantity Maxim),质量准则(Quality Maxim),相关准则(Relevance Maxim),方式准则(Manner Maxim)(何兆熊2002)。

遵守这些准则,人们就可以以最直接的方式、最高的效率、最合理的语言进行交际。在日常的交际活动中,人们普遍遵循上述四条准则来表达自己的思想,获取所需的信息或回答对方的问询,使交际活动得以顺利进行。但是,在日常会话中我们往往会为某种目的或者某种需要违背这些准则,因此可以说这些准则并非说话的规则,而是人们在话语交际中所假设的使话得以进行的底线。会话准则的重要性并不在于其本身,而在于违反它所造成的"会话含义",也就是话语中所包含的间接的意思,即我们常说的"言外之意"(李金霞2007)。

3　网络会话对合作原则的运用和偏离

3.1　数量准则

数量准则指从当前目的出发,按需要提供适量的信息,做到恰如其分。数量准则包含两个次准则:①说的话应包含交流所需的信息;②说的话不应包含超出需要的信息[9]45。在正常情况下,对话双方都会采取合作的态度,提供所需要的信息,使会话顺利进行。

网络会话的一大特点是它的实时互动性,会话双方必须尽快地传递和反馈信息,因此受到时间的约束。同时,网络会话又是基于文本的,信息的唯一载体是通过键盘输入电脑并显示在电脑荧屏上的文字,因此又受到空间(容量)的约束。对于一部分网民来说,打字与说话以及写字相比缺少便捷性,并且出于对上网费用的考虑,网民形成了一味追求输入速度的习惯。在这种情况下,传递信息、阐明事理的功能成为网络语言的第一功能,人们关心的是信息传递的效率,因此语言的经济原则上升到了第一位。会话便以短语、分句为主,省略成分较多,采用大量的缩略语来节省时间和空间。同时由于网民在线交流时是脑子里想到什么就马上打什么,加上追求打字速度,表达时基本用的是一种没有经过很好整理的口语,而口语的一大特点是有大量的省略句并出现很多不完整句。这些都使人们倾向于认为网络会话,特别是聊天室会话对于数量准则的第一个次准则的违背较为普遍。

在网络会话,特别是聊天室会话中,人们不愿意在虚拟空间透露自己的真实身份,一般会给自己取一个网名或者虚构自己的个人信息,这就使聊天室会话具有匿名性的特征。也因为这一特征,在网络这一虚拟空间里,肤色、年龄、国籍、种族,甚至性别都失去了意义,极难求证。这种沟通方式有助于消除既有的社会歧视和偏见,创造一个较为公平的发言形式(胡壮麟 2007)。由于摆脱了各种社会规则的束缚,无须考虑保存对方的面子以及受到对方的指责等问题,网络交际主体,尤其是那些性格比较内向的人,就会一改他们在面对面会话时的常态,更多地敞开心扉、无拘无束地展现自我,这不免会在交际的过程中提供过量信息,以致违背了数量原则的第二个次准则。同时,由于聊天室会话是一种基于文本的交际方式,缺少面对面交际所普遍具有的如身体语言、面部表情等副语言形式,因此在进行会话时,当一方就某一话题给出过量信息时,即便对方做出了一定的反应,暗示他已经违背了数量原则,但由于发话者无法看到,因此也就无法得知。这也加重了聊天室会话对于数量准则第二个次准则的违背。

当我们对聊天室会话对于数量准则第一个次准则违背的表现进行观察后会发现,这些违背现象大致可以分为两类:有意识和无意识。前文已提到,在自然会话中交际主体有时为了某种目的或者某种需求会刻意违背合作原则,在聊天室会话中这种现象同样存在。在聊天室特别的是公共聊天室中,由于多人同时交流,为了取得别人的注意力,交际主体有时会有意将信息的某些部分含而不说,或将一条较长的信息分割成几条较短的信息,以此造成一种悬念,迫使别人追问,获取进一步的解释机会。这是一种有意识的违背。同时在聊天室会话中,当一轮会话开始,交际主体为了维持自己的话轮,往往采取将一条较长的消息分割成几条较短信息的策略。这就导致一个问题的产生:由于聊天室会话的信息载体主要是输入电脑的文字,并且聊天室中信息的传送与接收之间存在一定的延迟,致使聊天室会话缺少面对面会话时的节奏感和对信息的预计性,所以当某一会话者发出一条消息,并准备输入第二条消息的过程中,如果输入的时间过长,受话者会认为发话者已经违背了数量准则,并发出询问。这种违反现象是无意识的,造成这种现象的原因是在目前通用的单向交际环境中,发话者的信息只有在按下"发送"命令后才会在受话者的屏幕上显示,而不是在输入过程中逐字显示,受话人只有在发话人输入并发送信息,系统收到信息并在屏幕上显示之后,才能开始解码的过程(陈晓燕 2007)。

至于聊天室会话中对于数量准则第二条次准则的违背,主要还是由网络这一交际环境的匿名性造成的。这里要指明的一点是,由于计算机中介交流自身的特点,省约现象这一在自然会话中的非常态行为,在聊天室会话中却变为一种常态行为,使聊天室会话具有一种高度简洁的文体特征。因此,相对于自然会话,聊天室会话对于"过量信息"这一概念有着不同的理解,往往在自然会话中被认为是正常的交流行为,在聊天室会话中却被认为出现了语言的冗余。因此,聊天室会话中对于数量准则第二条次准则的违背就具有了新的特点。

3.2 质量准则

质量准则是指说话人要提供真实的信息。遵守这一准则,才能保证日常交际的顺利进行,质量准则包括:①不要说自知是不真实的话;②不要说缺乏足够证据的话。

要讨论聊天室会话对于质量准则的违背,不得不牵扯到在线身份(online identity)的问题。身份问题是一个自我和躯体关系的理论问题。物质性的躯体是自我意识的所在,它决定于种族、阶级、职业、教育程度等因素,因此自我是一个稳定的可预测的"身份"。但是在网络上,没有预先提供的躯体来固定某人的身份。虚拟世界和真实世界是存在差异的,虚拟世界由信息组成,不是物质。信息可以散布,因而没有保存信息的法则。同时,在这不可触及的空间里网民也是分散的,他们摆脱躯体而自由存在。因此在线身份比"真实生命"的身份更具适应性。通过在线身份,网民可以按照自己的想法重新塑造自己(胡壮麟 2007)。

同时,由于计算机中介交际是一种基于文本的交际方式,在网络上没有躯体和声道的线索可循,因此在网络交际中人们无法对对方提供的信息和身份进行核实。这使得网络交际缺少较强的相互约束力,让很多人选择把自己伪装起来,虚构身份、年龄,甚至性别,以此来获得不同于日常交际活动的体验。因此,在聊天室会话中,人们会刻意违背质量准则,来满足某种交际目的。比如网上存在一种现象叫做"troll(话轮)",指有些网民刻意发送一些含有虚假内容的信息,但对于那些经验不足的网民会认为发送者一直在遵守着质量准则,并将信息所传达的意图、需要、愿望和利益当作真实的。

网络的匿名性本质使人们摆脱了各种社会准则的束缚,为其编造虚假信息从而违背质量原则提供了便利条件。但是,这并不能排除真实信息的存在。有时,某些信息是真实的,但是由于对网络交际先入为主的印象,人们往往会质疑这些信息的真实性。这就为判断某一交际行为是不是真正违背了质量准则造成了困难。

3.3 相关准则

相关准则是指会话参与者所提供的信息要与正在进行的谈话有关。这一准则要求会话双方遵守合作原则,谈及与正在进行对话相关的内容,才能使对话畅通无阻,意义连贯,从而实现交际的目的,即所说的话语必须和谈话的目的有关。

日常交际中,交际主体出于礼貌,为了保全对方的面子或其他的目的时,常会有意违背相关准则,也就是故意岔开话题。在网络交际中对于相关准则的违背也时常发生。但是,由于网络自身的特点又使这种违背行为与日常交际有不同之处。网络会话,尤其是聊天室会话,对于相关准则的违背主要体现在话轮转换上。

在聊天室中,由于交流的双方不是面对面的沟通,因此很多会话中出现的特征,如话语重叠、互相打断话语、即时的反馈、声调、声音特征、复杂的表情等,在聊天室会话中是找不到的。这样一来,文字的无声传输无法通过语调或音调的高低及音色的变化来传递话轮转换信号,只能通过屏幕上的字符来表达话轮正在交际双方中发生。同时,又由于软件系统和机器速度等原因,话轮的互换不一定顺畅,所以会出现很多不整齐的嵌入毗邻应对(embedded adjacency pair)、不完整的应对(如提问得不到回答)和分岔序列(side sequence)。这就意味着,在多人聊天室中会出现多话题平行推进、交换结构混乱的现象,致使相邻出现的信息可能讨论的不是同一话题,也就是说它们彼此之间不存在语意上的关联。Herring(2006)称这种现象为“weakened local relevance(周末内部关联)”。但这并不意味着聊天室中所有的信息彼此都不相关,那些围绕同一个话题展开的信息在其内部仍然彼此存在着关联性,也就是说在它们内部还是遵守了关系准则。因此,要判断聊天室中的会话是不是遵守关系准则,关键要看这些信息是不是在话题上相关联。

此外,网上会话虽有即时性,但比起面对面交流还是有一定的时空差距的,对反馈的要求和约束没有面对面交流那么强烈,因此人们在碰到一些不愿回答或不想讨论的问题时可以比较轻易地避开或转换话题,有意违反相关准则。虽然拒绝参与话题在口头会话中极不礼貌,出现频率很小,但在多方电子会话中却可以被接受,甚至已经成为一种“聊天礼仪”(chatiquette)。Herring 和 Nix 在对 IRC 会话的个案研究中发现,高达 18 % 的引发信息没有得到任何回应(1997)。因此,聊天室会话并没有因为这种违背行为而受影响。

4 方式准则

方式准则是指会话参与者所提供的信息要简洁而有条理,避免含糊其辞,避免歧义。这一准则包括四点:避免晦涩、避免歧义、简洁、说话要有条理(何兆熊

2002)。

　　人类的交际主要通过两种途径:语言的和非语言的。非语言交际指不用言语表达的、为社会所共知的人的属性或动作,这些属性和动作由发出者有目的地发出或被当成有目的地发出,由接收者有意识地接受并有可能进行反馈(曾立 2003)。非语言交际的主要作用体现在它的象征性动作、说明性动作、情绪表露性动作、调节性动作和适应性动作上。非语言交际主要体现在面对面的交际行为中,并在这种交际行为中起着相当重要的作用。专家们普遍认为信息的社交内容只有 35 %左右是靠语言行为来传达的,其他的都是通过非语言行为传递的。

　　虽然聊天室会话和自然会话有一定的相似性,但是它毕竟是一种基于文本的交流方式,因此交流上双方无法看到彼此,诸如体态(body language)、副语言(paralanguage)、客体语(object language)和环境语(environmental language)就无法体现出来。同时,网络交际缺少社会语境信息,再加上交际者不能依靠手势、体势、面部表情等非语言信息解释文字、辅助交流,就参与者而言,单就文字进行解读容易造成误解。

　　除此之外,网络交际这一电子交际方式从一诞生就崇尚自由,缺乏统一语言规范的指导,因此在某些交际社区中流行的缩略语对另一个社区的交际者来说可能不知所云。而且由于科技的发展,新的缩略语不断涌现,同时也伴随着一些旧的缩略语消亡,这就使网络语言存在不稳定性。因此,网络交际主体一旦碰到自己不熟悉的缩略语必然造成误读,也就导致对方式准则的违背。

　　凡此种种,都使得网络交际,特别是聊天室交际,相对于面对面交流更容易违背方式准则关于不产生歧义的要求。为了应对这一现象,使聊天室会话不因此而受影响,网民们发明了一种被称为"emoticons"或"smileys"的符号系统,来替代面对面交际中的副语言。比如用":-)"表示普通的笑脸、和蔼的笑脸,垂涎三尺等;":-("表示不幸、号啕大哭,怒火中烧,嘘等;":-<"表示沮丧极了,苦笑,心里难过等,来避免违背方式准则。

5　结语

　　从以上论述可以看出,聊天室会话作为一种由网络交际主体在虚拟社区情景下通过相互协商建立,并经反复使用而形成的相对稳定的交际形式,可被看作一种新的语类。新的语言类型必定显示新的语言特点。就聊天室会话来说,它具有以下三个特点:①实时互动性。这一特性使聊天室中的交际更多地追求信息的传递速度,造成大量省约现象出现,使聊天室会话容易违背合作原则的数量准则;②匿名性。这一特性可看成导致聊天室会话较多冗余信息和虚假信息的原因,由此也容易导致聊天室会话违背数量准则和质量准则；③聊天室会话是一种基于文本的交流方式，缺少副语言。因此，一方面使其在话轮转换上出现很多不整齐的嵌入毗邻应对、不完整应对和分岔序列，导致对相关准则的违背；另一方面也容易导致会话中的信息误读，违背方式准则。

原载《沈阳大学学报》2009 年 第 1 期

第二部分　英语教学软件的设计、应用与评价

　　多媒体教学软件是指根据教学目标设计的、表现特定的教学内容、反映一定教学策略的计算机教学程序,它可以用来存贮、传递和处理教学信息,是让学生进行交互操作,并对学生的学习做出评价的教学媒体。教学软件既包括软件公司或商业发行的用于教学的软件,也涵盖教育工作者自行设计、用于课堂教学的程序或文件。利用多媒体教学软件更有利于创造一种积极主动的、以学生作为认知主体、使学生的能力得以充分发展和发挥的教学与学习环境,为从"应试教育"转向"素质教育"开辟了新途径。

　　对于多媒体软件的评价目前既有形成性评价又有总结性评价,综合起来有几个方面:首先,软件是教育材料,它应该对学生具有教育意义。因此,必须考虑它有没有不道德、不健康的内容,是否违背科学;其次,它是一个教学媒介,必须观测与判断通过它是否可以实现教学目标,还要考虑它教学策略与过程的合理性;再次,必须观察与判断它能否在不同的环境下运行,是否会受误操作的干扰,能否正确地中断与退出等。对于教师而言,在英语教学中软件的应用要遵从主体性、主导性、适度性和适时性原则。多媒体软件非但不能滥用,而且还要选择最恰当的切入时机。

　　在本部分中,首先介绍 PPT 软件在英语课堂中的实验性应用,然后介绍怎样对计算机辅助语言学习软件展开评价,最后描述一个口语教学软件的功能和设计过程。

技术与意义生成
——论多模态 PPT 在大学英语课堂中的应用

戴培兴　方小菊　高蕴华

摘要：本文从符号学和认知语言学的角度来论证 PPT(PowerPoint)在大学英语教学中的应用价值，作为一项新技术，PPT 近年来越来越受到人们的青睐。与黑板相比，PPT 的可操作性优势、承载信息量的优势和模态变化的优势无与伦比。更主要的是，根据建构主义的情景教学理论，PPT 是以丰富的社会符号资源形式参与意义建构的必要的认知元素。它以其多模态性，为语篇、语境、语篇信息结构的再现和新的教学语类的实现发挥着独特的作用。

关键词：多模态　PPT 技术　意义生成　大学英语

0　引言

今天，人类社会已从口述和读写时代进入到超文本时代。自 2004 年中国教育部颁布了《大学英语课程教学要求》以来，在全国的大学英语课堂上，PPT 的应用已经屡见不鲜。凭借其视频和音频系统，PPT 软件打破了课堂上以往的沉静或单调，给英语教学方式带来一场突破性的变革。然而，对如何使用 PPT 软件和怎样开发其功能，人们的认识尚不够明确，有的甚至还经常对 PPT 的应用提出批评。

1　理论基础

德国哲学家卡西尔说：人是"创造符号的动物，符号是人类的意义世界的一部分"(1985)。借助于语言，人类构建了一个超出于其生存环境的符号世界。

语言学家索绪尔认为："语言符号不是指物与名之间的联系而是指概念与音响和形象之间的联系"(1996)。音响和形象不是声音，而是听者"通过感官而获得的音响心理印象"。语言对象只有通过物质、意识活动和意识对象三者的结合才能被认识，符号所显示的是对客观事物进行阐释或抽象化的途径。因此，意义作为符号形式所表现出来的全部内容是人（主体）对客观事物（指示物）进行阐释（符号化）的结果。然而，就意义而言，语言符号可以分为两个层面：外延意义和内蕴意义。外延意义是指语言符号体系中所固有的与客观事物有代表性关系的意义,并且是社会成员之间约定俗成的、客观的、相对稳定的。而内蕴意义是指人们在运用语言符号时所表达的与客观事物无直接联系的评价性意义,它是在特定的场合和交际环境中产生的,是主观的或随时变动的。内蕴意义包括修辞意义、语境意义、历史意义和文化意义。

认知语言学认为:语言是认知的一部分,使用语言的过程就是认知的过程。语言表达的意义是心理性的。语言不是直接表现或对应于现实世界,而是由一个中间的"认知构建"层次将语言表达和现实世界联系起来。语义是从语言表达到认知结构的映现,语言是认知结构的组成部分,而不是独立实体。

建构主义者认为:认知不是对客观实在的简单、被动的反映,而是认知主体以自己已有的知识和经验主动建构现实。建构的现实就是认知主体的心理语境。"意义的生成和人类的思维分布在工具、文化和社团中⋯⋯"(Jonassen 1999)。人类的工具不但具有使用价值,标志着生产力的水平,同时还传递文化信息,标志一个时代的文明水准。

由于 PPT 软件可采用视觉和听觉两个认知信道和众多的感知模态,同时又具备生成和还原语言符号背后的现实(虚拟的现实)的能力,以及呈现语言符号外延意义和内蕴意义的能力,它不仅不会成为思维、记忆等心理活动的干扰因素,反而是能够促进其积极参与意义建构的认知元素的作用。

2　PPT 作为一项全新的教学技术

社会语言学家 Halliday 认为,自然语言虽然是最重要的表达方式,却不是能清楚传达意义的唯一手段(1978)。"为了全面地把握意义(隐含的和明晰的,内涵的和外延的,抽象的和具体的),我们需要冲出自然语言的限制"(胡壮麟、董佳2006)。PPT 软件凭借电脑的视听系统,轻易地突破了自然语言在课堂上的局限性,使教学环境耳目一新。

2.1　快速、清晰

作为一种教学工具,PPT 软件与古老的教具——黑板已不可同日而语了,使用 PPT 软件,教师可在瞬间把储存的几十条清晰、整齐、多彩、多样的文字和一连串的图表、图像投映在屏幕上,而在黑板上现场抄写大量文字和绘制大批图像则既费时又费劲,其内容有时还难以分辨。两者相比,PPT 的优势是十分明显的。

2.2　多维、多变

PPT 软件不仅具有快速、清晰的文字和图像的显示功能,更主要的是它具有多维、多变的演示功能。在课堂上,除了灵活多变的文字和清晰多彩的图片的显现,有悦耳的音乐和逼真的声响在教室里萦绕,还可设置电影和动漫片段的播放。它不仅图文组合、图像组合,而且音像组合、声像组合,形成了多变的立体的教学环境,从而刺激人们的思维。

2.3　超文本、超链接

超文本和超链接是 PPT 的又一特征,它不仅能在本文档中实现跨越式链接,而且还能实现跨文档、跨格式、跨时空、跨文化的链接。这种非线性的"跳跃式"阅读方式使学生的思维既有时空感又有临场感,它能不断扩展学生的思维。

2.4　轻松、简便

轻松简便是 PPT 软件的显著的操作特点,它的文件播放可以设置为手动或自动,连续或间断,链接或超链接,鼠控或遥控。所有这些,教师可以站着或坐着,在固定状态或移动状态中轻松自如地完成。它几乎集所有教学技术的便捷于一身。由于 PPT 软件具有上述显著的特性,它作为 Office 软件的重要组件目前在全世界拥有 4 亿多个用户数(Dan Leach——微软公司的发言人),其受欢迎的程度可见一斑。但是,作为一项先进教学技术,PPT 软件的长处还远不止这些,在语言教学中,它的多模态特性可以得到充分的展示,从而有力地促进意义生成。

3　PPT 的多模态性与意义生成

多模态性是指人类社会交流方式的多样性。在日常生活中,人们除了用语言进行思想交流,每个人每天还有多种多样的体验:视觉的、听觉的、触觉的、嗅觉的和味觉的。我们对世界的经验来自丰富多样的渠道,各种感觉也随之融合协调。因此,我们可以认为每种模态都是符号资源,都对意义的建构起到积极的作用(Williamson 2003)。多模态性是 PPT 的主要特点之一,其多模态生成和变换能力别具一格。笔者在大学英语的课堂上常用以下 10 种模态(如图 1-16 所示)[7]。

3.1　PPT 的视觉模态

视觉形式大致为语言文字类(见图 1)、图像类(见图 2)、图片和文字混合类(见图 3)和图表类(图 4)四种。但是,它们的应用取决于对目的语阅读理解的需要。

例如,《大学英语综合教程》第二册第二单元 *The Richest American*, *Down Home* 这样写道:一位美国首富家的新仆人第一天上班时以为他的主人 Sam M Walton 一定会拥有一辆 Rolls-Royce 和一座豪宅等,但结果使他十分失望。为何仆人会把 Rolls-Royce 作为美国富翁的身份标志之一呢? 文章没有任何解释。图1~4 告诉学生,Rolls-Royce 是世界上最老牌的汽车之一,丰富的 PPT 视觉模态展示给学生较完整的背景资料,Rolls-Royce 的豪华款式、悠久的历史以及生产商的强势地位都能诠释车主的地位。采用多种视觉模态来讲解课文能使学生在虚拟的情景中思维,从而比较合理地理解作者的意图和人物的心理,达到顺利地阅读的目的。

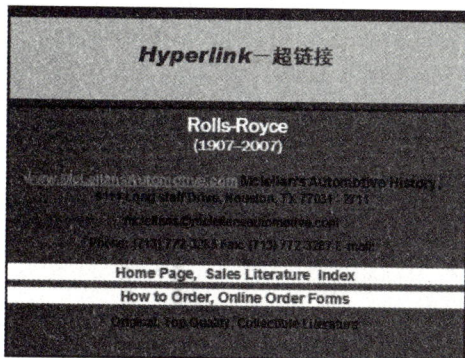

图1　文字类

图2　图像类

图3　图像和文字混合类

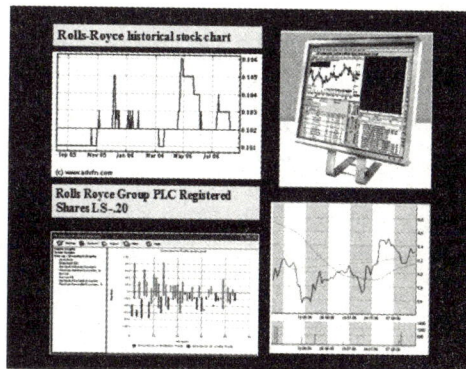

图4　图表类

3.2　PPT 的视听组合模态

PPT 课件的视听组合形式可分为无背景声响(见图5)、手动播放的背景声响(见图6)、自动播放的背景乐曲(见图7)和自动播放的演说(见图8)四种。应用视听模态,课堂立即就变成了立体的教学环境。以第三册第一单元 *The Expensive Fantasy of Lord Williams*(李荫华等 2008)为例(图 5~图 7),文章涉及伦敦 Scotland Yard 的财务副主管利用职务之便大肆侵吞公共利益,并在远离伦敦的苏格兰的僻壤小镇上悄悄地建起豪华的不动产,在当地被视为贵族绅士。但是,相当一些中国学生对 Scotland Yard 和 Scotland 缺乏感性认识。图 5 对 Scotland Yard 和不动产作了视觉性描述,消除了可能发生的误解。图 6 与图 7(视听组合)展示了音响(音乐)的元功能。随着风笛声的响起和清晰画面的出现,学生对美丽而遥远的苏格兰高地的自然环境和风土人情产生了许多美好的遐想。

图 5　无背景声响

图 6　手动播放的背景声响

图 7　自动播放的背景乐曲

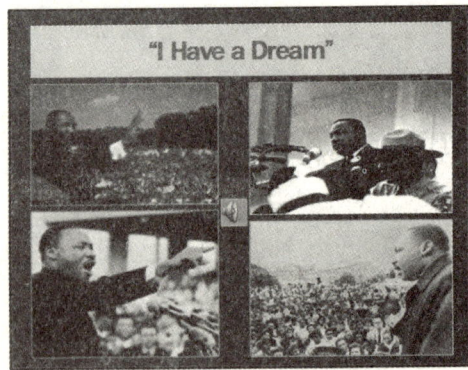

图 8　自动播放的演说

　　然而,当学生们在课堂上听到已故美国黑人运动领袖马丁·路得·金博士 40 多前的真切的演讲声时更是兴奋不已(图 8——*Civil-Rights Heroes* 第三册第二单元)。他的演说不仅十分令人鼓舞,而且,联系到他的最后经历,学生们深切地体会到争取自由和平等的道路是多么的艰险和漫长。

　　正如 VAN LEEUVEN(2005)指出的那样:现代科学技术应该成为符号学不

可分割的一部分。因为它强化人们的思维,并使人们得到直接的体验和产生持久的记忆。

3.3　PPT 的视频模态

视频模态主要可分为动画视频(见图 9,第四册第二单元)和电影视频(见图 10,第四册第一单元)两类。这两类模态促使学生对语篇的理解产生系统和深刻的概念。由于动画的帮助,学生理解到 GPS 和智能汽车怎样方便和关怀人类的出行。同样由于电影的介入,学生体会到前苏联军民在二战期间做出了何等非凡的努力和牺牲,最后赢得反法西斯战争的胜利。视频模态可以根据实际需要,持续三、五分钟或半小时不等,以利于学生回味与反思,从而达到深层次的意义建构。

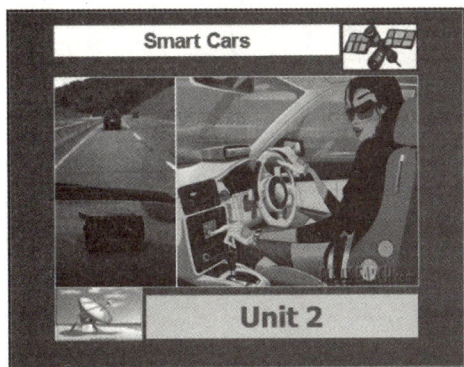

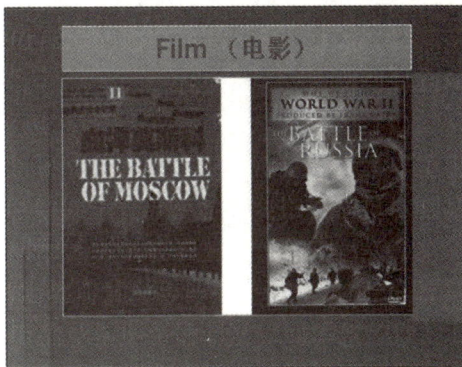

图 9　动画视频　　　　　　　　　　图 10　电影视频

4　PPT 作为多层次的多模态的介入

在教学中 PPT 的多模态不是单纯的符号学概念,它既服务于意义建构,又服务一定的教学目的。从语篇到语境,再从语境到语篇信息结构(段落结构)的再现等,PPT 在语言教学中发挥出独特有效的作用。

4.1　PPT 作为多模态介入性语篇

语篇是指实际使用的语言单位,是一次交际过程中的一系列连续的口语或书面语所构成的语言整体。它既包括语言方面的知识,也包括文化背景、语用、认知等方面的知识。思想的交流和信息的获取都是在一定的环境中进行的,只有通过实际参与语篇交际,才能真正理解语篇(Skehan 1998),只有理解了语篇,才能真正理解语义。

　　然而,在过去 20 多年的大学英语课堂上,教师几乎只能用语言来解释语义,用语言来讲解语篇。这就使语篇教学显得乏味和苍白(语言的局限性之一)。仍然以第二册第二单元——*The Richest American*,*Down Home* 为例。学生预习时,对课文的背景理解得很费劲,其中的人物仿佛也很遥远。但是,在课堂上,PPT 的演示生动地展示出语篇的信息,使学生既消除了距离感,又认识到世界上最大的跨国零售商 Wal-Mart 的创始人 Sam M Walton 的经营和成功之道,并深入了解到他的人生哲学和他的企业文化(图 11、图 12)。

图 11　Wal-Mart 的企业文化　　　　　图 12　Wal-Mart 的成功之道

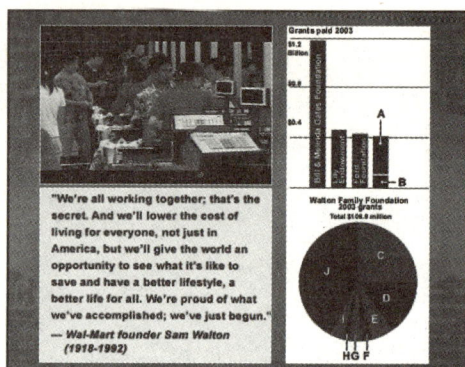

　　PPT 作为介入性语篇的应用,不仅证实了 HAWKES 意义从符号的相互影响中产生的观点(1977),同时也反映了人们多模态认知的特点。在日常生活中,人们除了用语言进行思想交流,每个人每天还有视觉的、听觉的、触觉的、嗅觉和味觉的等多种多样的体验。

4.2　PPT 作为介入性语境

　　什么是语境? 语境是话语确切含义的语言方面和非语言方面的各种因素的总称。英国人类学家 B. MALINOWSKI(1923)提出语境大致可分为"情景语境"和"文化语境"两类。语篇存在于交际的情境之中,其含义必须参照上下文和使用的环境才能理解。使用环境是话语所反映的外部特征,即交际者的情况和交际的背景等。由于语言自身具有多义性和模糊性,在具体交际过程中需要具体的语境来确定其意义。因此,分析语言现象,必须把它和它所依赖的语境联合起来,离开一定的语境,就难确定语言片断的真实含义。为了充分说明语篇,获得视觉性的情景语境和文化语境很有必要。以第四册第一单元——"冰雪卫士"为例。

　　(1) 情景语境:图 13(a)与图 13(b)——真正意义上的"冰雪卫士"(分别介绍俄罗斯和前苏联遭受到的两次入侵)。

（2）文化语境：图 14(a)与图 14（b）——介绍前苏联战时的政治、军事、外交和军民的斗志(1941～1945 年)。这两种语境的再现表明了"冰雪卫士"的真正含义。"它"既明示着俄罗斯的寒冬对入侵者的灾难性惩罚，也深切地意味着反法西斯军民的坚定意志和不懈的努力。从广义上来说，上下文既是语篇，也是语境。语篇包含语境，它们互不可分。

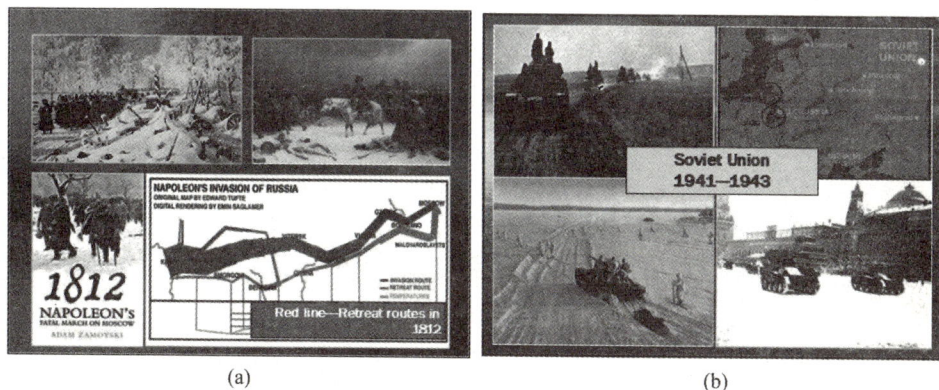

(a)　　　　　　　　　　　　　　　　(b)

图 13　情景语境

(a)　　　　　　　　　　　　　　　　(b)

图 14　文化语境

正如 DISLER 所提出的：语篇由语言塑造，它又塑造语言(2006)。语篇由参与者塑造，它又塑造参与者。语篇由先前的语篇塑造，它又塑造以后的语篇。语篇由媒介塑造，它又塑造使用媒介的可能性。语篇和技术的关系是共生的关系。学习者只有认识到了语言符号背后的现实关系，即世界知识或具体语境等，才能够真正理解语句的交际意义。

4.3　PPT 作为介入性信息模式

信息理论认为,语篇是由信息单位组成的,是"已知的可以预测的信息和新的不可预测的信息相互作用的过程,所以信息结构是由两个部分组成——新信息和已知信息"(胡壮麟等 1997)。一个完整的语篇总包含一定的已知信息量和未知的新信息量,前者通常提供交际所需的背景,而后者则在已知信息背景中创造出信息差。因此,理解语篇就要克服这种信息差。事实上,语篇内部的信息排列是有规律的。"主位推进模式"(Theme-Rheme)是语言组织的普遍规律,在语言教学中,清楚地展示语篇的信息模式对交际具有重要意义。DANES(1970)将这种模式总结为三种:线性模式、延续模式、派生模式。然而,当学生阅读到题材陌生的文章时,即使看懂了信息模式也不一定明白信息的意义。因此,仍然很有必要借助于PPT,将语篇的信息结构和内容(配以插图)清晰、形象地显示出来。以第四册中的两个小段落为例:

(1) 线性模式:e 图 15——Telematics & GPS(第二单元,第 39 页,第 11 段),

(2) 混合模式(延续模式和派生模式):图 16——Multi-Culture Society(第 4 单元,第 112 页,第 20 段),

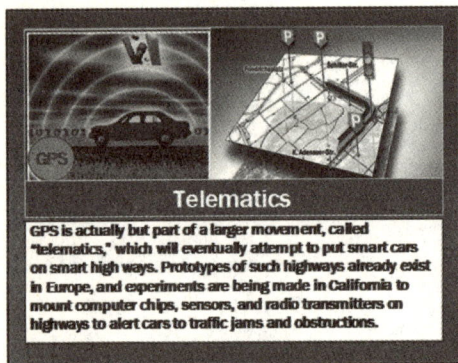

图 15　线性模式　　　　　　　　图 16　混合模式

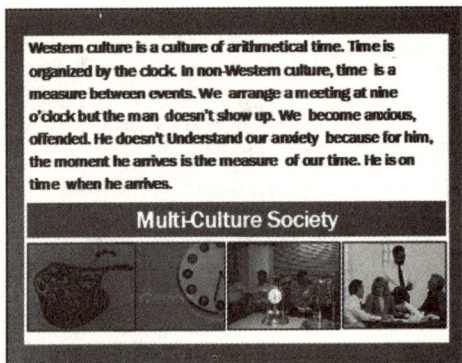

图 15 配合文字演示了 GPS 在交通领域的运作原理,图 16 配合文字说明了在多元文化社会中可能出现的事例,一方按时赴约后发现另一方并未到场,而使到场的一方感到困惑的是另一方不仅姗姗来迟,而且还毫无歉意。因为另一方采用的是不同的时间参照物。使用图文并茂的 PPT 使形象和抽象互相补充,相得益彰,使信息模式清晰可见,加快意义生成。

主位推进模式在语篇的信息流程中起着承上启下的作用,是语义和语篇教学中不可忽略的组成部分。鉴于语篇的信息模式的多样性和复杂性,教师向学生提供可视、可听、可动、可联想的信息来呈现语篇"连贯"的特征也是信息时代的要求。

5　PPT 作为一种新语类

随着 PPT 课件在课堂中的广泛应用,一种新的语类正在形成。EGGINS (1994)把语类定义为使用语言所能达到的有步骤、有目的的活动类型。有多少可识别的社会活动的类型就有多少语类,如文学语类、教育语类以及它们的子语类和子子语类。

5.1　语类的特点

首先,语类是一定社会文化的产物,人类社会不分种族、地域、性别都会经历着一些相同的社会交际活动,因而也存在一些共同的语类。如上街购物、打电话等。其次,语类与一定的社会活动相联系,它是一种活动类型,一种言语交际事件。大学英语课堂是一个特定的社会活动场所,师生之间或读者之间的交流既是语言交流,也是文化交流,既是符号交流,也是思想交流。这种交流是按自己独特的方式和节奏进行的。它既是人际交互型的,又是人—机交替型的,并以多模态为特征。

5.2　大学英语语类的实现模式

根据 HASAN 的"语类结构潜势"的理论,语域变体可生成一种社会认可的语类,即:交际内容(语场),交际对象(语旨)和交际媒介(语式)(1978)。根据这一组合方式,大学英语语类的组合方式可分解为语场—课文的理解与练习(词汇、结构、语篇、语境等),语旨—教师与学生(读者 A 与读者 B),语式—人际和人机交流(口头和书面的)。大学英语语类的体现样式主要为:

(1) 点句的应用。

(2) 文字类型选用与发送类型选用。

(3) 图表选用与发送类型选用。

(4) 照片(图片)选用与发送类型选用。

(5) 背景与文字色彩选用。

(6) 音响类别与效果选用。

(7) 电影与动画片段选用。

(8) 停顿与连续发送的选用。

(9) 超文本与超链接切换的选用。

(10) 手动与自动切换的选用。

(11) 人—机交替活动和节奏的选用。

(12) 教室灯光亮度的选用。

综上所述,PPT 参与英语教学可视为一种新语类,它是一个独立的符号层,并确定课堂教学的整体的语篇框架。它是语篇体裁的"体现样式",对意义建构起着十分关键的杠杆和调节作用。当然,PPT 课件本身并不构成语类,教师的讲解和PPT 课件的交叉演示才构成一种语类。

尽管笔者的学生有不同的学习需求,以及课堂的环境亦不尽相同,但学生对PPT 在课堂应用的效果持肯定的态度。据 2006 年 6 月和 2007 年 6 月的两次综合指数的问卷调查,分别有 87.54% 和 87.77% 的学生基本赞成、比较赞成和很赞成这种教学模式。这就说明 PPT 作为一种生成性工具在英语教学中的积极作用。

6　结束语

不难发现,人类对某些工具有一定的依赖性。人们能应用的工具的选择功能越多,他们就能做得越好。PPT 正是其中一例。但是,PPT 的功能开发不应该是纯技术性的。为了便于意义建构,PPT 软件不仅要充分显示社会符号的多模态性的形式功能,更要在语篇和语境的再造、语篇信息模式的再现、语类的实现等方面显示出独特的作用。这样,它既应满足学习者生理活动的需求又应满足学习者思维活动的需求,从而真正体现出高新技术的价值。只要课件制作者站在学习者的立场上,考虑到学习者的认知需要来开发 PPT 的各种功能,那么,他们怎样开发都不为过。PPT 在课堂上的正确应用对教师(设计者、制作者、演示者)来说是艰辛的多维的二度创作过程,而对学生来说恰好是生动、活泼、丰富的意义建构过程。这就是现代高新技术馈赠给人类的好处。

注:图片选自 images of yahoo & google,2008-01-06

原载《东华大学学报(社会科学版)》2008 年第 8 卷第 2 期

计算机辅助语言学习软件的评价

李　征

摘要：针对目前计算机辅助语言教学(CALL)软件日益丰富,但质量良莠不齐且缺乏统一的评价体系,这里提出了一套较完整的评价体系——主要分为三个层次：技术角度、学习心理学角度、语言学习角度。在此基础上,提出了在选择 CALL 软件时应注意的一些问题。

关键词：计算机辅助语言学习,计算机辅助语言学习软件,软件评价

0　引言

计算机及其网络的发展在改变着人们的经济模式和文化观念,同时对英语学习产生了巨大的影响,这使得计算机辅助语言学习(CALL)也越来越深入人心。计算机辅助语言学习的传播媒体—计算机辅助语言学习软件(CALL 软件)的水平与质量也正日益受到人们的关注。近些年来,国内的学习软件市场已经初具规模,涌现了一批较有影响的学习软件开发公司,如：苦丁香、金洪恩、科利华、人教文博。此外还有一些出版社开发出来与其教材相应的学习软件,如上海外语教育出版社开发的《大学英语》配套光盘。从整体上看,CALL 软件可以说是覆盖了大中小学各个层次,而且质量也是一年比一年好。然而,在众多的 CALL 软件之中也确实混杂着一部分制作粗糙、质量低劣的软件。无论是语言教师还是学习者,一旦使用了这样的软件,不但不会取得应有的学习效果,反而会造成很大的人力与物力浪费。因此,为了使 CALL 能切实推动我国外语教学的发展,有必要建立一套严格、完整、科学、合理的评价体系,以对 CALL 软件进行科学、公正、客观的评价。

1　开展 CALL 软件评价工作的意义

首先,对 CALL 软件科学、公正、客观的评价将推动 CALL 在我国的发展。这是因为,一方面,对 CALL 软件的科学评价结果将成为教育行政部门决定是否接受和扶持 CALL 方式的直接依据,同时也能打消那些对 CALL 持观望态度的教师和学习者们的疑惑与顾虑。另一方面,对于那些面临众多 CALL 软件而无所适从

的语言教师和学习者,一套完整、科学的评价体系将为他们的选择提供有利的指导。

其次,完整、科学的评价体系将对 CALL 软件的开发起到很好的指导与促进作用。CALL 软件的开发是一项复杂的工程,需要很大的人力、物力、财力的投入。完整、科学的评价体系不仅可以大大地降低开发的风险,而且对各软件的改进与发展也有很大的促进作用。

此外,开展 CALL 软件的评价工作还有利于 CALL 软件的优胜劣汰。目前市场上的 CALL 软件可以说是纷繁芜杂、良莠并存,完整、科学的评价体系一旦建立将对 CALL 软件市场起到一定的规范和净化作用,促进 CALL 软件行业的内部竞争,从而促进 CALL 软件整体水平的提高。

2　CALL 软件的综合评价

现有的一些对 CALL 软件的评价大都比较笼统不成体系。有的评价是过于片面,只评价了 CALL 软件的一个方面,如:只从纯(计算机)技术的角度出发判断软件的优劣;有的评价虽然基本涉及了 CALL 的各个方面,但是缺乏理论基础,仅仅是建立在评价者个人的经验基础之上,而且缺乏层次性。可以认为,CALL 软件具有其独特的层次性,即首先它是一种计算机软件,其次它应是建立在某一种(或几种)学习心理学基础上的软件,最后它是一种语言学习软件。所以,这里将从这三个层次出发,提出一套 CALL 软件的评价体系(何高大 2002)。

2.1　从计算机技术的角度评价 CALL 软件(John 2003)

(1)正确性。即在预定的软硬件环境下能完成预期的学习任务。

(2)易学性。软件的界面要有吸引力且具有连贯性,屏幕上显示各指示命令(包括其图标),且这些命令与其他常用软件中的命令没有冲突。

(3)易使用。屏幕显示的文字应清晰、易读;各指示命令应清楚易懂,使学习者随时可以退出该软件或者是重新启动该软件;有强有力的帮助系统,能提供智能帮手。学习者可以自己掌握学习的进度与顺序。

(4)健壮性。在硬件发生故障、输入的数据无效或操作错误等意外情况下,学习软件能做出适当的反应。

(5)效率。为了完成预定的学习功能,系统需要占用计算机多少资源,花费多少时间。

(6)运行速度。软件的安装速度、运行速度以及软件中各界面或菜单之间的转换速度不应太慢。

（7）视听质量良好。画面清晰、色彩逼真、文字醒目、声音清晰、音量适中、快慢适度。

（8）表现形式要丰富多样，呈现方式要新颖有趣，具有艺术特色，能达到寓教于乐的目的。

（9）安全性。对未经授权的人使用软件或数据的企图，系统能够控制监控的程度。

（10）经济性。软件的运行对计算机硬件配置的要求。高标准的硬件需要较高的经济投入，这不利于此软件的推广。

2.2　从学习心理学的角度评价 CALL 软件

一个好的 CALL 软件，不论是何种层次、面向何种对象，它的整体设计一定是建立在某种（或某几种）学习心理学理论基础之上的。因此在评价 CALL 软件时，我们可以从学习心理学的角度出发，去测评 CALL 软件的设计是否符合学习心理学的要求。可以认为，目前的 CALL 软件所运用的学习心理学理论大致有：行为主义理论（刺激——反应）、认知心理学和建构主义理论（Levy 1997）三种。

2.2.1　以行为主义理论为基础的 CALL 软件应具有的特征

此类软件是以行为主义理论为基础而设计的。行为主义理论亦称作刺激——反应理论，该理论将环境对个体的影响看作是刺激，把伴随刺激而产生的有机行为看作是反应，即行为是刺激的结果。因此，行为主义者认为，只要有刺激，就能引起一定的学习行为，从而达到学习的目的。此类软件的设计者旨在通过人机之间的刺激—反应—强化的过程，使学习者达到对技能的习得、习惯的养成或行为的矫正（胡壮麟 2004）。

此类软件现多属于开发练习型和游戏型软件，按照行为主义理论的要求，通常应该具有以下的三个特征：

（1）学习内容单元化：软件中的学习内容应合理划分为若干个小单元，使学习者在一个单元学习一项（或一类）技能，从而确保学习者的学习能够由简到繁、由易到难、循序渐进。

（2）反馈、强化要及时：软件的设计必需能对学习者的学习提供及时的反馈信息，对于学习的难点（或学习者的错误）应进行多次的强化（或先纠正后强化）。

（3）学习步调自主化：软件应允许学习者根据自身学习水平调整学习的难度与进度，进行个别化学习。

2.2.2　以认知心理学为基础的 CALL 软件应具有的特征

与行为主义只重视环境而轻视人的心理不同，认知心理学理论认为学习的产生是个体作用于环境而不是环境引起行为,环境只是提供了一种潜在的刺激,而这些刺激能否被学习者注意或被加工主要取决于学习者的认知结构是否有同化新知识到适当概念;学习是通过主体的主观作用在与环境的交互作用的过程中把新知识同化到学习者原有认知结构中,引起认知结构的重建或改组。此类软件的设计目的是使学习者经过认知、辨析、理解、顿悟、应用、综合等过程,获得新知识并形成良好的认知结构。因此,此类的 CALL 软件应具有以下的三个特征:

(1) 由一般到特殊逐步分化:软件提供的学习应是从最一般的、包容性最强的概念入手,逐步向纵深发展和分化,使学习者通过学习这类的一般概念,为后继的学习提供适当的同化点。

(2) 知识类别化:软件中所涉及的学习内容应根据事物的属性和关键特征进行分类处理。

(3) 归纳综合作用:软件应具有对学习内容及学习者的学习结果进行合理的总结、分析的功能,这样可以促进学习者认知结构的优化。

2.2.3　以建构主义为基础的 CALL 软件应具有的特征

建构主义学习理论原本是认知学习理论的一个分支,由于它适应现代的计算机辅助教学(当然也包括计算机辅助语言学习)发展的新要求而日益盛行。建构主义者认为学习内容本身是客观存在的,但学习者对它们的理解和赋予意义却完全是由个人决定的,是由学习者在一定的情景中借助他人(教师、学习伙伴以及其他学习资源)的帮助并根据自身经验来"建构"和"解释"的;知识是通过这种主动的意义建构而非通过教师(或书本)传授获得的。建构主义学习理论强调学生的中心地位;强调协作学习对意义建构的重要性;强调情境的作用,注重学习情境设计;强调学习过程的灵活多样性;还强调学习过程的非线性网状结构。因此,基于建构主义基础之上的 CALL 软件应具有以下的三个特征(Myles,2003):

(1) 软件应采用超文本(超媒体)结构组织学习信息和组织学习者进行学习,设置多入口多出口,为学习者创设一种开放型的学习环境。

(2) 软件应具有丰富多彩的背景信息和资料库。软件应为学习者创建一个生动有趣的学习环境,使之与现实的学习环境一致,即具有虚拟现实的功能。

(3) 软件能够在网络上发布运行,从而为学习者创造协作学习环境的功能。

2.3　从语言学习的角度评价 CALL 软件

前面的两个方面(计算机技术与学习心理学)可以说是 CALL 软件的根基所在,然而作为辅助语言学习的软件,其核心特征应该是——软件的设计应符合语言学习的规律。因此,从语言学习的角度,CALL 软件应具有以下特征(钟柏昌2011)。

（1）学习目的明确，选题恰当，主题突出，有针对性。学习开始要列出学习目标与重点，且叙述要清楚、准确、有吸引力，使学习者能紧密围绕学习目标和重点开展学习。

（2）学习环境适应自主学习的需要，能由学习者根据自己的喜好和需要制定和改变。

（3）软件提供的学习内容要客观、准确，不应有任何偏见，内容要丰富充实且简繁得当，选材合理，符合大纲的要求；尤其是作为 CALL 软件，不仅需要给学习者提供大量的语言材料，而且所提供的语言材料是真实的，是来自于现实生活的。

（4）软件本身具有测评系统：可以对学习者的学习进行评估，这包括学习者出现的错误、学习所花费的时间及测试的成绩。

（5）软件的设计要符合学习者的年龄，语言水平要与学习者的语言能力相符。

（6）软件如涉及听力的学习，所选听力材料的发音应清晰、音质要好，而且学习者可以控制并重听材料。

3　CALL 软件选择时应注意的事项

对于计划把计算机引入语言教学的语言教师来说，除了了解 CALL 软件的评价方式以外，在选择 CALL 软件时还应注意以下的事项（杨真，陆达，2001）：

（1）软件要符合所要教授的学生的年龄特征。

（2）软件的教学目标要与学生的学习目的相符，这是因为不同学习者学习外语的目标不尽相同。

（3）软件所适用的教学模式，是供课堂教学还是自学。如果是自学软件，那么软件必须有详细的使用说明。

（4）将要使用软件的语言教师是否具有该软件所要求的技术水平。

（5）软件运行的硬件要求以及技术支持能否达到。

（6）此软件投入使用的所需的经济预算是否可以承受。

（7）有条件的情况下，可以先试用该软件。（试验对象中应既有高水平学习者又有低水平学习者）

4　结束语

对 CALL 软件的正确评价是必要的，它一方面可以促进 CALL 软件质量的提高，另一方面可以为购买 CALL 软件的单位、个人提供参考。笔者希望通过本文，使广大外语教学工作者对 CALL 软件的评价有一个初步的了解，并能为他们选择

CALL 软件时提供一些参考。随着计算机技术尤其是网络技术的发展,开发 CALL 软件的技术将日新月异,新型的 CALL 软件也将会不断出现,未来的趋势是高度的智能化。因此,评价 CALL 的标准与方法也应相应地发展并不断地完善。

原载《东华大学学报(社会科学版)》2004 年第 4 期

大学英语口语 CAI：设计和功能

冯涟漪　钱　亮

摘要：我们在建构大学英语口语精品课程的过程中，以认知—建构主义学习理论为依据，研发出"积件型"的大学英语口语 CAI 并取得实效，本文将就口语CAI 的理论依据、设计框架、功能特色作一介绍。

关键词：建构主义　模块化　个性化　现代化技术

0　引言

教育部高教司[2004]1 号文件指出"大学英语是以英语语言知识与应用技能、学习策略和跨文化交际为主要内容，以外语教学理论为指导，并集多种教学模式和手段为一体的教学体系"(2004)。大学英语课程"应大量使用先进的信息技术，推进基于计算机和网络的英语教学，为学生提供良好的语言学习环境与条件。"我们在建构大学英语口语精品课程的过程中，组织教师、研究生和语音实验室工作人员，根据自身条件和学生情况，研发出一种基于单机并可适用于局域网的大学英语口语 CAI(Computer-aided Instruction)；教师和学生边研制软件，边在教学中试用并加以改进，大学英语口语 CAI 的使用效果反响良好。本文将就我校大学英语口语 CAI 的理论依据、设计框架、功能特色作一介绍。

1　理论依据

建构主义学习观认为学习是一种建构的过程，也是一种活动的过程，学习必须处于丰富的情景中。认知——建构主义学习理论的主要内容可概括为四个方面(周春萍 2004)：强调学习不是外部刺激的结果，而是外部环境与认知主体内部心理相互作用的结果；强调认知主体对学习的能动作用，提出学习者是信息加工的主体，是知识意义的主动建构者；强调学习环境对有效形成意义建构的作用，认为"情景、协作、会话、意义建构"是建构主义学习环境的四大属性；倡导在教师指导下，以学习者为中心的学习，把真实情景创设看作是达成这一"意义建构"最终目标的必要前提。

Widdowson(1990)指出语言的交际是语境作用于语法的过程,是语义转向语用和理论意义转向实际意义的过程。我们掌握的词汇和语法都只是意义的潜势(meaning potentials)和资源(resources),它们脱离语境就没有交际价值。只有在语境的作用下,语句(sentences)才能转变为话语(utterances),语言的内在才能实现外化(externalization)。

因此,提高英语口语课程质量的关键问题在于给学生创造有益的口语实践环境,帮助学生有效地进行"意义建构"。我们设计并研制开发的大学英语口语 CAI(以下简称"口语 CAI"),便是使用计算机技术配合多媒体教室和其他网络设备,向学生提供文、图、声、像等复合信息资源,让学生在模拟真实情境中,通过人机交互作用或同学协作学习等手段,进行有意义的口语建构实践。口语 CAI 一方面提供给学生大量词、语、句、篇的样本作其建构交际能力的语言基础,另一方面提供大量案例,留给学生充足的空间,让他们针对具体情景练习不同的语素和策略,由此探索规律,提出问题,建构知识和增强能力。学生在原有认知图式基础上有效地获取和重构新的交际能力,便大大加速了学习口语的过程,从而大大提高大学英语口语的学习质量。

2　口语 CAI 的设计特色

2.1　模块化结构特色

要培养学生的英语综合应用能力,特别是听说能力中的口语能力,达到教育部办公厅[2004]1 号文件关于大学英语课程教学要求(试行)的口语能力规定,仅仅靠每周 2 课时的课堂教学,学习一两本教材,是远远不够的;于是我们按模块化理念来设计口语 CAI,其基本思想是"在一定的时间内组织一定学生按一定目标进行学习"(胡壮麟 2004)。我们将收编的大量口语练习资料分成八个模块:快速对答(Quick Response)、情景提问(Situational Questions)、谚语释义(Paraphrasing)、看图说话(Picture Talking)、简短发言(Short Talk)、思辩/讨论(Discussion/Debating)、听听说说(Listening/Speaking)和读读讲讲(Reading/talking)。模块设置既有口语训练系统的严格性和由浅入深的规律性,又体现学习过程的灵活性和宽泛性;下面就八个模块的内容功能做一介绍:

第一模块《快速对答》编集了 60 个最常用的基础会话短句,目的是让学生进行"乒乓球快板对练"式的熟巧训练。对于 60 个情景问话,学生应能不假思索地正确回答(当然,正确答案可以不止一个),因为日常人们说这些话时,对这类问题的回答总是脱口而出的。

第二模块《情景提问》提供 60 个生活和学习的常见情景，目的是让学生练习提问。要求学生就每个情景发问两次，其中至少一次用到特殊疑问句；学生应学会使用合适的语句和语气提问，旨在获取信息、争取帮助，或了解真相、澄清事实，提问是与人交往时不可或缺的会话技能。

第三模块《谚语释义》给出 60 条英语谚语，目的是让学生练习"一语多说"。在实际交际过程中，当人们发现对方听不懂或误解自己的话时，往往尝试这种"换个说法"的策略来沟通；有时人们讲话开错了头，或者遭遇生词讲不下去，也需另择词语、换种句型来表白；为此，对学生进行释义能力的强化训练很有必要。谚语通常言简意赅，既表达了人类对人生哲理的睿智思考，又富有极其丰富的历史和文化内涵，正确理解并学会解释和使用英语谚语不仅能提高学生口语表达能力，而且有助学生提高文化素质；《谚语释义》模块在对学生进行会话策略积极训练的同时提高学生的人文传承能力，从而起到一石二鸟的作用。

第四模块《看图说话》提供六种类别的 60 幅图画、图表、图示，创设了丰富形象的模拟语言场境，对学生进行多层次多元化的口语技能训练。其中，连环图画训练叙述故事的能力（如：如何点明时间地点、如何跟踪人物事件的开始、发展和结果等）；地图、指示册训练用英语解释生活中常见问题的能力（如：如何用较复杂的语言为人指路、介绍情况等）；图解、图表训练用英语解释工作中常见问题的能力（如：如何条理清楚地说明情况、解释疑难等），广告画、幽默画、类比图除对学生进行各种语言基本要素（如语音、语调、词素、句法）的训练外，还用作不同语用目的的口语语篇训练，学生藉此练习一些较高的讲话技巧（如：如何引起听众的注意力、维持听众热情、灵活而有说服力地表达自己的意愿和意念等等）。

第五模块《简短发言》要求学生对 60 个熟悉的话题作即兴发言，在几乎不给时间准备的情况下，较为清楚地描述个人经历体验，表达愿望、理想和意见。

第六模块《思辩/讨论》在第五模块的基础上对学生进行高标准训练，要求在表达意见、陈述观点时做到思路敏捷、重点突出、内容完整和语言流畅，并正确处理语句衔接、语气连贯的问题。

第七、第八模块《读读讲讲》和《听听说说》分别提供 60 篇阅读的和听力/视听的材料，让学生利用这些视觉和听觉的素材来讲话。60 篇阅读材料大约分成两个层次：故事（包括人物故事、文化习俗、词语故事）配合第三、第四模块对学生进行基本语言、语篇方面的强化训练，而语言稍难、篇幅较长的议论文章则提供学术会议或专题讨论的模拟材料，训练学生如何理解繁难概念并作简要介绍和说明。60 篇听力材料取自 VOA 和 Discovery 英语广播和电视节目，大致分成两个层次：VOA 特别节目语速稍慢，供中等语言水平的学生练习听后复述；VOA 正常语速的节目和 Discovery 等节目的难度相当，供语言基础好的学生练习听后概要报道。

　　模块化教学的宗旨是按训练目标、内容层次、能力难易,分阶段分程度地帮助学生学习和习得。英国语言学家和语言教育家 Keith Johnson 根据语言学和语言教学最新研究成果提出学习外语需要掌握的三种能力:① 语言能力(systemic competence),② 社会语言学能力(sociolinguistic competence),③ 策略能力(strategic competence)(2001)。Johnson 所称的语言能力包括语音(pronunciation)、词素(morphemes)、句法(syntax)和词汇(vocabulary)等方面的能力;他所言的社会语言学能力涵盖语言运用规则(rules of use)和语篇构成规则(rules of discourse)。下面我们以 Keith Johnson 理论为基准,列表对口语 CAI 的八大模块内容深浅和能力层次作属性描绘,星号越多者表示内容和能力训练的层级相对越高(见表1)。

表1　能力表

	语言能力	社会语言学能力	策略能力
快速回答	*基础交流	*根据语境约定成俗的套路对答	*常用体态语帮助表达
情景提问	*使用各类问句形式探明消息和意见	*语句、语气依据场合和人际关系作调整	*直截了当发问、委婉提问等艺术
谚语释义	**灵活进行语言多种方式的表征	**谚语诠释需有跨文化交际意识和能力	**诠释策略有换词、重组句型、概括等
看图说话	**图画激活相应的词语和句式	**画图引导学生模拟社会交际实践	**启用已有的知识作 n+1 的语言输出
简短发言	**任何讲话都是遵循一定规则组成的语篇	**顾及听者的感受	**合适的嵌入语使语篇连贯、语义清晰
思辩/讨论	***辩论提升语言能力和思维水平	***辩论时特别突出语言的人际功能	***巧用语篇亚语言和人际亚语言
读读讲讲	***略读或寻读后用口头表达中心大意	***阅读本身包含跨文化交际活动	***书面语转化口语涉及迁移、复用、诠释、概括等能力
听听说说	***抓住最主要的听力内容作简要传达	***新闻类节目将学生带到与世界互联的平台上互动	***听力输入到口语输出涉及迁移、复用、诠释、概括等能力

2.2　个性化功能特色

　　口语 CAI 的个性化特色系指学习者因素的特色,也即提高学生自主学习能力的语言环境特色。自主语言学习(self-access language learning)是在自主学习理论指导下的一种较新型的语言学习模式,指的是"通过使用自我控制的学习环境来学习语言,该环境能提供独立的学习计划、易于获取的学习材料和相应的帮助模式,以及最新的技术条件。学生在该环境中是积极的参与者而不是被动的信息接受者"(Dickinson 1987)。口语 CAI 将课程的宗旨转化为一系列的计划和步骤,模块设置和内容安排体现课程目标的各层级标准,并提供实践环境和操作建议。教师可根据本班学生的知识素质、认知特点、课堂进程来选择内容深浅合适、时间长短相宜的节点在课堂上实施辅助操练运用,把口语课堂搞得有声有色,充分发挥口语 CAI 的个性化课堂教学功能;例如,第一模块《快速对答》、第二模块《情景提问》和第三模块《谚语释义》中的内容以其短、频、快的特点常可穿插在其他口语训练项目中发挥气氛调节作用,而在讨论和辩论课前,安排一些相关的《看图说话》、《读读讲讲》和《听听说说》内容往往又为正题讨论和辩论做好了铺垫和引动。

口语 CAI 创造的语言环境和学生可能使用语言的现实情况基本一致或相类似,便大大提高学生课后练习的积极性。口语 CAI 的交互功能有利于激发学生的学习动机,学生可以根据自己的兴趣特点和语言基础来选择学习材料和练习,在任何时间、地点,只要有一台电脑,学生就能自主学习。他们既可以配合课堂教学有重点地选择内容节点,也可以通过按钮的操作在某一模块或多模块中随机通达选择;他们既可以选择从背诵样例(即参考答案中的范文)开始进入学习,然后将"词语框"和"句型框"的提示作为拓宽思路、增加知识的窗口,又可以先打开与个案关联的"词语框"和"句型框",根据提示的词语和句型尝试自己操练而后参看范文,并通过对范文的分析和比较形成规律性的认识。同样概念的学习内容经不同角度多次切入,有助于学生去有效地获取和重构新的语言和语用知识;于是,学生在使用口语 CAI 的过程中思路趋于成熟,语言变得准确;他们渐渐具备能力来为自己确定学习要点、发展个人学习风格和策略。学生正是在发现与分析学习任务,寻找与获取信息资源,把握和取舍资料直到最后确定解决问题途径的过程中,发展了自主学习的能力。

口语 CAI 不仅具备教学和自学的功能,而且可以用来实现复习和测试的目的。学生可以将这次选中学习的课题内容存入"复习夹",以便下次直接打开复习使用。口语 CAI 具有题目随机选取的功能,在主页面点击测试按钮进入测试平台后,数据库里的课题便已转变为测试库题供口试调用,加上软件具备的语音播放和录制功能,学生可以将自学情况记录下来,充当自己的学习管理者,对自己的进步和成功进行自测自评,也可以和同学互相协作进行互评。当学生真正学会自我测试和评价时,当自我测试和评价成为学生学习的有机组成部分时,当通过学习过程以及自测自评促进学生真正掌握口语这项社会活动能力时,口语 CAI 的积极作用便得以最大限度的发挥。

就理论而言,语言教学和语言测试是一种"伙伴关系",二者相互联系,相互影响。测试既为教学服务，又直接影响教学，并对教学产生一定的反拨作用（Bachman 1999）。按照现代语言测试理论，设计或开发一项考试应使语言测试行为与语言实际使用情况相一致，即语言使用任务和情景特征及测试任务和情景特征相一致，这样就可以提高测试的真实性，测试任务越真实，被试者的测试行为就会发挥得越好，根据测试结果（分数）对被试语言能力所做的推断就越准确，因而测试的内容效度就越高（Hughes 2000）。口语 CAI 各模块提供的问题内容反映社会的内涵，是一种内容效度很高的问题；只需将软件装入 Windows 98 以上技术支持的电脑，教师就可以将试题库转换成试卷库，对学生进行有效的常规测试和课程考试，以给学生作过程/形成性的和终结性的评估。若将软件装入新型技术支持的设备，（如 LBD2002 型蓝鸽全数字式语言系统），教师便既可以对学生进行规模化及水平性的机考，又可以给予学生极富个性化的阶段性或专门型的能力考试，配以受过评分标准训练的教师进行盲评更提高了考试的信度。由于口语 CAI 的模块化和超文本化特质，使整个测试过程变得易于操作，具有可操作性。口语 CAI 附出题器，每次考试以前教师如需修改和更新试题，只要打开出题器部分的目录，从相应的路径进入指定文件，便可以根据学生具体情况和教学要求对课题或试题作调整和修正，学生需要的正是这种测试内容和学习内容相一致，具有高度反拨效应的测试。

　　口语 CAI 的个性化功能特色以下图表示：

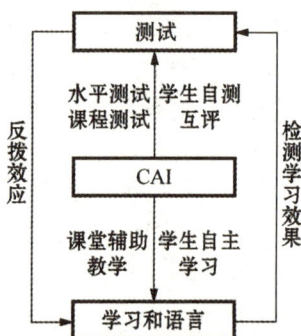

2.3　现代化技术特色

　　口语 CAI 使用先进的计算机技术，其设计宗旨为面对开放化信息化的环境，利用计算机突破教材和课堂的限制，构建以自主学习为主、创新为副的现代化教学模式。

　　口语 CAI 的开发平台为 v1.00，采用 Visual Basic 语言开发。整个系统采用面向对象的开发方法，具有很强的人性化特点。此外本系统运用 Access 2000 的数据源和 SQL 语言建立数据库模型进行交互，可以动态添加数据（出题器），实现了"积件型(Integrableware)"功能,因而具有很好的自扩充性。

Visual Basic(简称 VB)是微软公司开发的编程工具,随着其版本的不断升级,功能也不断完善,可用于开发 Windows 环境下的各类应用程序。它具有强大的多媒体功能,并且简单易学,用来制作 CAI 课件可以方便地实现动画效果,课件的交互性强,且控制非常灵活。利用控件的某些属性可以方便地在不同画面间进行切换,而不需要转换窗口,这就保证了课件的完整和流畅。

2.3.1　前台多媒体显示模块实现

由于前台的人机交互界面是学生与 CAI 系统直接交流的通道,因此,人机交互界面的美观和友好性能直接影响着用户使用 CAI 的热情与兴趣。而且,本系统需呈现的多媒体素材相当丰富,包括文字、图像、影片、声音等,所以我们采用了 Windows 内部自带的 Windows MediaPlayer 控件作为多媒体显示之场所。MediaPlayer 使用相当简单,但功能异常强大。我们通过控制 MediaPlayer 的 LoadFile、Play、Stop 等方法即可控制影片的播放与暂停。

录音功能:对于录音设备来说,Windows 提供了一组 wave＊＊＊的函数,比较重要的有以下几个:

为录音设备准备缓存函数

MMRESULT waveInPrepareHeader (HWAVEIN hwi, LPWAVEHDR pwh, UINT bwh);

给输入设备增加一个缓存

MMRESULT waveInAddBuffer (HWAVEIN hwi, LPWAVEHDR pwh, UINT cbwh);

开始录音

MMRESULT waveInStart(HWAVEIN hwi);

清除缓存

MMRESULT waveInUnprepareHeader(HWAVEIN hwi, LPWAVEHDR pwh, UINT cbwh);

停止录音

MMRESULT waveInReset(HWAVEIN hwi);

关闭录音设备

MMRESULT waveInClose (HWAVEIN hwi);。

通过 VB 调用这些 API 函数即可实现录音的功能。

2.3.2　后台数据驱动接口实现及数据库的设计

本 CAI 系统采用 Access 桌面数据库,具有轻便、简单的特点。由于系统分为八个模块,所以理所当然地在数据库中创建八个表,分别存放每一模块的数据。下面以一表为例说明其中的数据结构。

字段名	Number	Question_Text	Media_Path	Hint
字段类型	Long 长整形	Text 字符型	Text 字符型	Text 字符型
字段描述	自动编号	题目文本	多媒体文件存放路径	提示

数据接口:DAO (Data Access Objects)数据访问对象是第一个面向对象的接口,它显露了 Microsoft Jet 数据库引擎(由 Microsoft Access 所使用),并允许 Visual Basic 开发者通过 ODBC 像直接连接到其他数据库一样,直接连接到 Access 表。DAO 最适用于单系统应用程序或小范围本地分布使用。DAO 中包含很多对象,但其中最重要的是 database 对象和 recordset 对象。具体连接的代码如下:

```
dim db as database                              产生 database 对象
dim rs as recordset                             产生 recordset 对象
set db=opendatabase("temp. mdb")                打开数据库
set rs =db. openrecordset("files",dbopentable)  打开 recordset 对象
```

2.3.3　出题器和其皮肤实现

界面包含多个功能按钮,如"修改"按钮通过自定义的数据库类提供的 update 接口函数实现对数据库的更新,"删除"按钮通过自定义的数据库类提供的 delete 接口函数实现对数据库的删除操作;而"插入"按钮通过自定义的数据库类提供的 insert 接口函数实现对数据库的插入操作。

图片的路径位置可以是任意的,用 CommonDialog 选出图片、声音、影片所在的路径位置,再通过 CopyFile 方法将多媒体文件拷贝到目标文件夹下。

出题器皮肤实现利用 ActiveSkin 控件给程序中的组件添加皮肤效果。

ActiveSkin 控件的设计步骤有四个:

(1) 先用绘图软件画出一张图,并且储存成 bmp 格式。

(2) 用文本编辑软件编辑一个 Skin. xml 文件。

(3) 并且把 ActiveSkin Control 放入窗体。必须把 SkinPath 指定到放 Skin 文件的位置。

(4) 编辑 ActiveSkin Control 的 OnSkinNotify。

3　总结和思考

教学模式的改革是当今大学英语教学改革的重点。教育部办公厅[2004]1 号

文件《大学英语课程教学要求（试行）》提出：各高等学校应充分利用多媒体和网络技术，采用新的教学模式改进原来的以教师讲授为主的单一课堂教学模式。新的教学模式应以现代信息技术，特别是网络技术为支撑，使英语教学不受时间和地点的限制，朝着个性化学习班自主式学习方向发展。新的教学模式应体现英语教学的实用性、知识性和趣味性相结合的原则，应充分调动教师和学生两个基本点方面的积极性，尤其要确立学生在教学过程中的主体地位。新教学模式在技术上应体现交互性、可实现性和易于操作性。另外，新教学模式在充分利用现代信息技术的同时，也要充分考虑和合理继承现有教学模式中的优秀部分。

口语 CAI 的模块设置充分考虑和合理承继了现有口语教学法的种种路子，用现代信息技术制作的课件集实用性、知识性和趣味性于一体，构建出一个新的教学模式，给予学生更大的身心活动空间，促进学生积极思考，积极调动他们的内在资源。学生参与教学内容的选择和体验从而对在口语课程中该学到什么有个更现实的目标。口语 CAI 的信息资源是经教师和学生作大量有效的分捡和筛选后，根据课程要求和学生需要来作语料的量和难度的最后把握的，在语料的提供和安排方面还充分考虑系统的建立、完善和运作。CAI 的开放性、多样性、交互性特色确保学生在学习过程中处于主体地位，其扩展式的教学理念引导学生不停地从一个水平提高到另一个更高的水平。

口语 CAI 的开发走的是"积件型"的路子，因而具有很好的自扩充性。我们在规划大学英语口语精品课程 CAI 系列时，除大学英语口语 CAI 外还有大学英语口译 CAI、商务英语 CAI 等，积件的各种资源均以基本单元方式构筑，我们便可随时按一定的规范扩充积件的资源。软件的可积性和可重组性使教师和学生仅用标准接口形式即可根据教学情景和具体情况对 CAI 进行重组使用；软件可包容多种内容的课件，故而具有通用性。

总之，虽然口语 CAI 现在还处于开发和试用阶段，它已发挥了以下方面的优势：口语 CAI 能较好地解决语言基础与口头综合运用能力的问题，个性化自主学习与课堂教学的问题，外语文化素质与英语考试的问题，以及分类指导、分级教学与一般要求的问题。我们在今后建构大学英语口语精品课程的工作中，将继续加强 CAI 的系列研制和开发，不断改进，以进一步发挥现代信息技术在创建大学英语教学新模式中的作用，实现教育部办公厅[2004]1 号文件关于提高大学生英语综合应用能力特别是口语表达能力的规定目标。

原载《外语电化教学》第 111 期，2006 年 10 月

第三部分 语料库与英语教学

语料库是为一个或多个应用目标而专门收集的、有一定结构的、有代表性的、可以被计算机程序检索的、具有一定规模的真实语言电子文本的数据库。使用者可以通过检索程序从语料库中提取所有的包含关键词(或结构的语句)进行结构对比和词语分析以及语言现象归纳。电子语料库的出现为语言研究和教学提供了极为方便的工具。语料库对外语教学的意义尤为重要,由于国内缺乏英语本族语者真实的交际材料,外语教师的语用能力和语言直觉又相对有限,而语料库资源的共享可在一定程度上克服由于教师语用能力和语言直觉欠缺而产生的障碍,缓解真实教学材料缺乏的问题。另外,语料库的语境共现功能能够在相对同质的大量语料中反复呈现不同语境的同一种语言现象,从而可以帮助学习者构建对该语言的认知图式。随着网络的飞速发展和人们对语料库认识的加深,利用网络资源中的语料库发展外语教学已成为可能。可直接利用的网络语料库是十分方便的语言教学资源。能否利用这些资源、迅速改变落后的外语教学模式、提高外语教学质量,是近年来外语教学工作者所关注的问题。

在本部分中,"语料库研究的课堂教学价值——评《从语料库到课堂:语言使用和语言教学》"、"语料库语言学研究发展趋势"及"网络语料库索引行信息在外语教学中的应用"三篇文章对于语料库应用于英语教学进行探讨;"基于语料库分析 shall 用法"从历时的角度展现了该词的用法变化;"短语学研究综述"介绍了理论驱动短语学和基于频数的短语学;"基于中国学习者英语口语语料库模糊限制语的使用分析"一文对中外语料库进行了对比研究。

语料库研究的课堂教学价值
——评《从语料库到课堂:语言使用和语言教学》

赵晓临　殷　耀

摘要:《从语料库到课堂:语言使用和语言教学》旨在引导读者思考如何将语料库语言学研究成果应用于课堂教学。受 John Sinclair 实证研究思想的影响,该书作者将词汇作为意义研究的出发点,探讨词汇、词块、习语、小句和语篇的语用特征以及日常语言使用中的创造性发挥。书中英语口笔语语料分析聚焦课堂教学中真实语言的使用。

关键词:语料库　课堂　扩展意义单位　语用特征

0　引言

近年来语料库语言学领域不断涌现有关语料库研究的专著、论文等成果,与语言教学及语言学习相关的"基于语料库"的研究成果尤为引人关注。诚然,在学习者词典开发方面,语料库语言学功不可没。从 20 世纪 80 年代英国伯明翰大学 John Sinclair 教授主持 COBUILD 词典的一系列项目开始,迄今已经很难想象哪一本英语词典不是基于大型语料库编纂的。语料库也似乎成为编纂语法书、教科书的必需资源。然而,"语料库语言学"这一术语的广泛使用并不意味着它的研究成果得到了广泛应用,相反,它对语言教学的实际意义却被忽视了。

剑桥大学出版社 2007 年出版的《从语料库到课堂:语言使用和语言教学》力图架起语料库语言学与语言教学之间的桥梁。书的语料来源为剑桥—诺丁汉英语口语语料库 CANCODE(Cambridge and Nottingham Corpus of Discourse in English)和剑桥国际语料库 CIC(Cambridge International Corpus)。全书囊括了近三十年来语料库语言学领域的研究成果,旨在帮助教师读者更好地认识"基于语料库"的资源到底意味着什么。该书在阐释语料库的基本概念、语料库的创建方法、常用语料库分析技术等语料库语言学的基础知识之外,每一章都围绕如何将语料库检索结果与课堂教学相结合展开。全书由四部分组成,共 11 章。第一部分由第 1、2 章组成,介绍语料库语言学的概念、建库技术、语料库的检索等基础知识,在此基础上讨论英语学习者的词汇需求和基于本族语语料库建立学习者词汇水平的评估标准。第二部分由第 3、4、5、6 章组成,探讨基于语料库数据的词汇研究及其在课堂教学中的应用,包括确定各级别词汇量、提取词块(chunks)及习语(idiomatic expressions)、检索分析词汇语法型式(lexico-grammatical patterns)、在语境中观察词语的搭配能力(collocability)等。第三部分由第 7、8、9 章构成,聚焦实际交际中"讲话者—听话者"或"作者—读者"的双向互动过程。语料库数据为课堂教学提供大量的"成功"口语和书面语篇范例,如典型的会话标志语、模糊语、创造性使用的语言结构等。最后一部分由第 10、11 章构成,讨论专门用途的小型语料库的设计和应用,如学术语料库、商务英语语料库以及教师语料库。

《从语料库到课堂:语言使用和语言教学》总结了语料库语言学研究成果对语言教学的实际应用价值,值得外语教师研读。

1 语料库语言学研究"成功的英语使用者"的语言

作者 O'Keeffe 等使用"成功的英语使用者"(successful user of English)取代理想本族语者(ideal native speaker),探讨实际生活中真实语言的使用特点。检索语料库时我们会发现理想本族语者只是一个虚幻的概念,因为检索结果往往显示,英语本族语者的言语不符合理想的实时交际的要求。"成功的英语使用者"体现了 Sinclair 创立的语料库驱动的研究范式,即基于大数量真实数据的实证研究,以复现的语言型式、意义及其内在规律为研究内容,对形式选择和意义实现机制进行归纳、概括与描述(卫乃兴 2007)。"成功的英语使用者"概念对外语教学的意义体现在以下三个方面。首先,"成功的英语使用者"的语言具有适时性,反映真实语言使用的特点,这样的语言融入教学对学以致用至关重要。其次,"成功的英语使用者"的高频语言体现为词语选择高度适合语言使用的语境,对提高语言交际能力具有实际指导意义。最后,"成功的英语使用者"的语言反映英语本族语者规律性的语言特点,高频具体语言型式(patterns)用于教学简单方便。

O'Keeffe 等(2007)认为,语料库具有两个特征:首先它是存储在计算机中的书面语或口语的自然文本的集合,其次它是按标准收集的、可用于定量或定性分析的文本。在 O'Keeffe 等看来,收集自然文本没有统一的标准,但研究目的、词容量、语料文类是研究者建库需要考虑的主要因素。语料库词容量固然重要,但它必须为语料库的研究目的服务。语料库研究方法可以数据驱动,即分析结论完全依赖于语料库的频率数据;也可以基于语料库进行,即定量的频率数据与定性的观察分析相结合得出结论。目前广泛使用的语料库分析软件有 WordSmith、

MonoConc Pro、AntConc 等①，它们都提供检索语料库的主要工具，包括索引行检索、关键词检索和词表统计。索引行检索提供节点词（node word）的搭配、习语用法、词汇语法模式等信息；关键词检索用于对比两个语料库或两个文本间频率差异显著的词或词块，参照语料库通常是大容量语料库；词表统计提供语料库中出现的所有单词、词块及其词频，可以对比分析不同语料库、不同语言的用词策略之异同。

2　语料库语言学研究成果揭示互动交际中的"听者状态"

迄今大部分基于语料库的语言教学研究主要关注书面语，而该书的独特之处在于它的大部分实例分析涉及口语语料。第七章的"听者状态"（listenership）探讨口语教学中长期忽略的话题——如何做好听话者，以达到"讲话者—听话者"的互动状态。O'Keeffe 等（2007）强调，因为听者对交际的支持程度影响讲话者的流利程度，传授"听者状态"应该成为口语教学的重要环节。对于"听者状态"，O'Keeffe 等从三个方面进行了详细探讨。第一，"听者状态"涉及的各类响应词（response tokens）以及响应词的功能，包括最小响应词（如 mm）、非最小响应词（如 lovely）、响应词块（如 yeah mm）、响应词的否定形式（如 absolutely not）等。响应词表达期盼继续、赞同、介入交流、语境专用等功能；同类响应词的响应力可能有所差异，基于语料库数据可以观察响应词响应力的强弱。第二，响应词因会话语境的不同而变化。譬如，日常会话英语和在公共机构使用的英语口语虽然同属口语类，但是有些非正式用法在后者中出现的频率很低。第三，社会文化因素影响响应词的使用。书中作者（2007）将"爱尔兰青年女性会话子库"与其他会话子库进行对比分析以作具体说明。

语料库数据揭示了好的听话者高频使用的典型响应词及其结构以及它们的不同功能。例如，检索 LCIE（Limerick Corpus of Irish English）语料库发现听话者高频使用简短的响应词如 mm，表示希望讲话者继续下去。下页表 1 列举了随意检索的含 mm 的词语索引行。

表 1　LCIE 中 mm 的索引行

Originally there was four of us.	Mm.	Running it am Barry Murphy
was nothing outside Dublin.	Mm.	You know and the idea then
making transmitters for them.	Mm.	So when the whole steam stem
probably have less interest.	Mm.	In the ideals of community
at this stage I would say.	Mm.	And you decided to change
through this with you or not.	Mm.	But the board of direct
those sort of things anyway.	Mm.	I mean I know sometimes

---

① MonoConc Pro 和 WordSmith 的检索功能可参考 Randi Reppen 的 *Review of MonoConc Pro and WordSmith Tools* 一文，文章网址为 http://llt. msu. edu/vol5num3/review4/。

3　语料库数据揭示语言使用的短语学特征

　　近年来,越来越多的语料库数据表明,本族语者在流利交际中输出大量多词单位(multi-word units),利用链接(chaining)策略将这些词汇单元连接起来组成话语。Sinclair(2004)发现,本族语者使用"习语原则"(idiom principle)和"开放选择原则"(open choice principle)表达意义,其中"习语原则"发挥着核心作用,即本族语者处理预先储存在头脑中的预制词块(prefabricated lexical chunks),语法规则仅用来将词块"粘合"成有意义的语篇(O'Keeffe, McCarthy & Carter 2007)。Hoey(2005)的《词汇触发》(*Lexical Priming*)和 Hunston、Francis(2000)的《型式语法》(*Pattern Grammar*)也描述同一语言现象。Hoey 认为词汇是复杂、系统的构建体,语法则是构建词汇的结果。Hunston 和 Francis 认为,词汇和句法相互选择,特定的句法结构往往与特定的词项(lexical items)共现;同样,特定的词项也常出现在特定的结构中。一个词的型式(pattern)是指与该词有规律性联系并有助于建立其意义的所有词和结构;如果词汇的某种组合出现频率比较高,或者该组合的存在依赖于某个词,或者该组合意义明确,这种组合都被认为是词汇的型式。研究证明,利用现成的多词单位是语言使用的基本特征,是"成功的英语使用者"流利交际的标志。因此,语言使用的短语学特征对英语教学意义重大。O'Keeffe 等提供了从 CANCODE 语料库中检索的 2～5 词的各 20 个词块以及 6 词的全部词块,其中相当一部分词块具有语篇标记功能,如下面的例子:

you know

I mean

And then

But I mean

You know what I mean

　　其中,在 CANCODE 语料库中出现频率较高的 2 词词块 you know 在美语口语语料库中的词频也位居榜首。这说明英语作为外语的口语教学应当关注词块的使用。

　　该书的作者也注意到,并非所有检索到的词块都对教学具有启发意义,所以提出使用语料库分析软件检索出高频词块后,还需要按照功能分类筛选出词频最高且形式完整的词块,在此基础上进一步探究如何在课堂上进行词块教学。

4　语料库语言学探讨词汇的扩展意义单位

　　弗斯语言学认为词汇是语言研究的中心。经过 Halliday、Sinclair、McIntosh、Strevens 等新弗斯学者的继承发展,弗斯语言学成为语料库语言学的重要理论基础(卫乃兴 2006)。语料库语言学重视语言的组合(syntagmatic)关系,认为一个词的意义存在于它的结伴关系中(Firth 1957),因此搭配成为词汇研究的重要课题之一。根据 Sinclair(1996,2004)的观点,多个单词构成的词项组成话语交流的基本单位——扩展意义单位(extended unit of meaning)。它包括词语搭配(collocation)、类连接(colligation)、语义趋向(semantic preference)、语义韵(semantic prosody)以及它们之间的相互关系。搭配研究成果使教学关注词汇的词汇—语法特征(lexico-grammatical features)成为可能。语料库检索显示语境中的关键词(KWIC)信息,索引行提供以节点词为中心的左右数个搭配词及其使用语境。检索结果既可以作为教师的授课素材,也可以作为学生的自学材料。

　　语料库分析软件可以识别出某个单词或词块高频出现的词汇语法型式,如 O'Keeffe 等对 CANCODE 口语语料库的调查揭示,GET V-ed 是 GET 最常用的型式之一。索引行揭示此型式中的动词过去分词绝大多数都有"不好"的含义,如 GET arrested, GET killed, GET beaten, GET penalised 等。为进一步验证 O'Keeffe 等对 CANCODE 的检索结果,我们对英国伯明翰大学英语语料库 BoE 中的口语子语料库 2 进行了调查。GET V-ed 的动词过去分词搭配词(*MI* 值大于6.0)如表 2 所示。

表 2　BoE 中 GET V-ed 的动词过去分词搭配词

序号	搭配词	*MI*	序号	搭配词	*MI*
1	birched	8.25	11	psyched	6.51
2	slagged	7.25	12	bored	6.38
3	acquainted	6.85	13	nabbed	6.38
4	caned	6.75	14	mopped	6.34
5	married	6.74	15	whacked	6.25
6	mugged	6.71	16	lumbered	6.18
7	clobbered	6.71	17	reelected	6.10
8	busted	6.64	18	nicked	6.09
9	bogged	6.57	19	booted	6.08
10	zapped	6.55	20	hitched	6.05

表 2 显示，英语本族语者使用 GET V-ed 时仅有少数动词过去分词无明显评价意义，如 acquainted，绝大多数具有消极评价意义。其中，动词过去分词搭配词可以总结为以下三类。

(1) 挨打、受辱，如 birched,slagged,caned,clobbered,booted,whacked。

(2) 受袭、遭破坏，如 mugged,busted,zapped,nabbed,nicked。

(3) 陷入困境，如 bogged,bored。

教师对索引行数据和表 2 的总结有助于学生理解英语本族语者使用 GET V-ed 的语境，易于他们掌握 GET 的词汇——语法特征。很显然，词汇的典型语法型式可以使教学更有效地关注地道的语言形式和使用语境。

5　专门用途语料库的教学价值

O'Keeffe 等在书的最后两章讨论了专门用途的小型语料库在语言教学中的应用，包括学术语篇语料库、商务英语语料库和语言教师语料库(teacher corpus)。O'Keeffe 等认为，百万以上或数亿词容量的语料库适合词汇学研究，而专门用途语料库更具语言教学针对性。因为具体的词汇语法型式可能只出现在某些语类中，所以专门用途语料库对于语言教学的特定领域更有实际指导意义。譬如，学术语篇语料库和商务英语语料库的研究不仅为教师提供学术和商务英语词汇表、高频词块等，基于语料库教学也可以探讨特殊语境下的语篇特征，如人称代词、情态动词、间接话语等。教师语料库是教师课堂语言的集合，如教师课堂提问、教师—学生课堂交流等。教师语料库可以满足教师反思课堂教学效果的需要，促进教师的职业发展。如何通过教师语料库分析课堂语言，O'Keeffe 等也总结了广泛应用于课堂语言分析的三个框架：语篇分析(如 IRF 模式)、会话分析及社会文化理论。

6　结束语

总而言之，剑桥大学出版社 2007 年出版的《从语料库到课堂：语言使用和语言教学》回答了如何将语料库语言学的研究成果付诸语言教学实践这一长期困扰应用语言学者和语言教师的问题。O'Keeffe 等在语料库语言学的理论框架下引导语言教师思考语言教学的重要问题——如何教授实际使用的语言。书中也提出了基于语料库教学亟待解决的两个问题：一是缺少基于语料库撰写的教材和在课堂环境中可直接使用的语料库；二是缺少口语语料库或可获取的口语语料库词容量偏小(Reppen 2008)。上述问题制约了语料库语言学研究成果的实际应用，但同时对语言教师的研究也有一定启示作用。

　　O'Keeffe 等在索引部分提供了 46 个书面语和口语语料库及其网址,其中包括 32 个英语本族语者语料库、2 个商务英语语料库和 12 个非英语语料库。此外,他们还提供了源于口语语料库 CANCODE 和书面语语料库 CIC 的各 100 个习语及其分类,为外语教师开展基于语料库的教学和研究提供了帮助。

原载《外语界》2009 年第 3 期

基于语料库分析 SHALL 用法

闫晓云　戴培兴

摘要：文章旨在帮助解决英语教学中的一大难点——shall 的使用和用法。通过对 shall 的语义分析，说明 shall 具有一个核心意义和五种典型用法；从历时的角度对 1983 年来 shall 在拥有 1 亿词汇的 TIME 语料库中的使用频率做了统计和分析，结果表明 shall 的使用频率明显逐年在下降，但在过去的七年里 shall 的使用频率基本保持平稳。

关键词：shall 的使用和用法　历时　语料库　英语教学

0　引言

助动词 shall 的用法长期以来一直是英语学习者的问题区。一方面，shall 和 will 单纯用作将来时的分界线逐渐变得模糊不清。另一方面，情态动词的意义繁多，彼此有重复，对于英语学习者来说往往难以掌握。Fowler（1996）也指出"will 和 shall 的助动词意义由于有部分用法可以互换变得很复杂"。我国曾有词典编纂者建议英语学习者尽量避免使用 shall 以防出错。

笔者曾选用过一本语法书中的一道颇有争议的配套练习："I be twenty next month. "著者给出的答案是 shall。但根据该书对 will 和 shall 的用法解释"will 表示'将来'可用于一切人称的主语"、"在当代英语中，shall 表示'纯粹将来'的用法已经越来越少见，除在英国南部的'标准英语'中仍坚持用 shall 于第一人称主语表示'纯粹将来'外，shall 的这一用法通常都为 will（或者'll）所取代"，笔者认为 ，这句话也可以用 will，并就此题目请教过其他一些外籍教师，他们告诉笔者 shall 听上去很正式，现实生活中已经很少使用了。

由于 shall 是英语教学中的难点，国内不少英语教学工作者对其进行了研究和探讨。杨信彰（2006）提到当代英语中 will 有取代 shall 的倾向，而杨文坤（2006）认为在陈述句中 will 在绝大部分情况下已取代了 shall，邱述德把这一趋势的范围再度缩小，认为"在现代英语中 will 及其简缩形式'll 有逐渐取代 shall 来表示将来时间的趋势"（1995）。侯春生强烈反对绝对替代说，认为"那些认为可以用 will 完全替代 shall，或 will 任何时候都可以用的观点是不严谨的，也是不科学的"

(2001)。但这些探讨仍停留在直觉的层面上,缺乏充分的真实语料依据。

1　shall 的定义

1.1　shall 的词典释义

现代英语中的助动词 shall 源于古英语 sceal。在其发展演变过程中,其意义及用法也不断发生变化。shall 的核心意义从原来的 owe/be in debt to 变为现在的 be obliged to/have to;从句法角度上讲,shall 从原来的用作实意动词发展到现在的用作助动词。笔者综合《朗文当代英语辞典》、《牛津高阶英语词典》、《柯林斯高阶英语词典》、《剑桥高阶英语词典》和《美国传统词典》等权威词典,总结了 shall 的基本用法,如表 1 所示:

表 1　shall 的词典释义

	用　法	例　句
1	询问意见	*Shall* I get the keys? Let's have a nice little stroll, *shall* we? What *shall* I do?
2	法律或合同等规定的义务	The Tenant *shall* return the keys to the Landlord.
3	3.1　将来(用于主语为第一人称的陈述句中)	We *shall* find out tomorrow. I *shall* have finished by Friday.
	3.2　说话人的允许、打算、决心(有时起到承诺、命令或威胁等语用功能)	You *shall* do as you please. I *shall* go out if I feel like it. You *shall* pay for this!
	3.3　必然 .	Our day shall come.

需要特别说明的是,在美国英语词典中,有的只罗列了用法 1 和 2,William (1980)指出除用法 1 和 2 以及正式的散文中使用 shall 来达到某种特殊含义外,will 的使用更为普遍。Landau (1999) 提到"过去在学校里学过 shall 与第一人称搭配构成将来时,但在现代美国英语中,will 在口语和书面用语中普遍与任何人称搭配使用,而 shall 只用于正式场合如'We shall be pleased to accept your invitation'以及法律文件中"。

1.2　shall 的时态用法

传统语法将 shall 作为将来时的标记(胡壮麟等 1989)。但尽管 shall 可以表示将来，Lyons(1977)认为"将来绝不是单纯的时间概念，它必定包含预测或某种相关意义"。杨信彰(2006)指出"在时态助动词用法上，shall 和 will 的关系紧密，二者在一定情况下可以互换使用"。然而，侯春生(2001)提出：当 shall 和 will 都用作时态助动词时，shall 和 will 唯一的区别就在于意义和语气上略有不同。

【例 1】We shall find out tomorrow.（表示自然的结果：明天我们将会发现。）

【例 2】We will find out tomorrow.（表示意识的努力：明天我们将会查明。）

如果事实的确如此，引言部分那道有争议的题目的答案显然就是 shall 了。但 Fowler 指出：英国人认为用于第一人称的 shall 是普通助动词，用于第一人称的 will 是着色助动词，用于第二、三人称的情况正好相反（William 1980）。I shall see him tomorrow.（仅仅意味着这件事将会发生）；I will see him tomorrow.（意味着我打算这么做）。但这种概括并不全面，这种分界线实际上是模糊不清的。越来越多的人不能'正确使用这个词'揭示了美国人、苏格兰人和其他非英国人的强大影响，而我们不需要埋怨这种影响。

1.3　shall 的情态用法

语言学界对情态动词的研究千差万别，这也正说明情态的复杂性。李杰、钟永平(2002)认为"情态所表达的是在归向极之间存在的不同等级的可能性：也就是说在绝对肯定和绝对否定之间，存在许多'中间'类型的句子，这些句子具有非绝对性"。而李基安(2003)特别强调"情态意义有其模糊性和兼容性。在很多情况下，不同种类的情态意义之间并没有明显的界限，而是一条续线"。尽管情态意义具有不确定性，其内部仍然有规可循。语言学界从不同的角度给情态意义做出了各类划分。笔者比较赞同李基安提出的"叠义的观点"。无独有偶，邱述德也倾向于此种观点，认为"不同的情态动词具有各自的核心情态意义，核心情态意义在一定的语法、语义和语用条件下出现不同程度的转化，其中间存在着模糊的过渡区间"(1995)。

对于 shall 一词而言，其核心意义是从说话人的角度出发，句子的主语有义务做某事。词典释义中的用法 1 可以理解为说话人通过疑问把决定权交给了听话人。用法 2 可以解释为说话人就是法律法规，因此这种义务具有指令性和强制性。这种用法已被广泛接受，以至于有人认为 shall 在法律英语中"有着与普通英语完全不同的含义"，甚至"被看作是具有法律权威特征的一种象征"。莫再树(2003)还特别指出商务合同中"凡表示'强制'或'义务'时，均不能以 will 或 should 取代 shall"。在表 1 的用法 3.2 中囊括了"允许"、"打算"和"决心"，因为它们是同一情态范畴的不同典型。正如邱述德所述"情态的变化是渐进的，同一情态范畴也常有程度强弱之别，因而出现不同的典型"。根据说话人对句子的主语执行此义务的要求的强弱程度,出现几种不同的典型:从最弱的"允许",经过"打算",到"决心"。在不同语境中就可能达到"承诺"、"命令"、"威胁"等语用功能,比如说话人对主语完成义务的要求很强却与主语的意图相悖,就成为一种威胁。Sinclair 指出"过去,常用 shall 表达意向或许诺。例如:I'm sorry I haven't returned the book you lent me. You shall have it back tomorrow. 但这种用法已经老式了。在现代英语中就用 You will have it back tomorrow。最后,对于用法 3. 3"必然",我们知道义务暗示必然。人或法规要求某事发生时,我们称之为"义务";外界客观条件要求某事发生时则称之为"必然"。

可见,shall 一词的词典释义只是对其核心意义在实际使用中出现的几种典型的总结。这几种典型只有在具体的语境中才可以辨别,脱离语境很难断定说话人的真实用意,从而触发歧义。

【例 3】 The dream shall never die.

【例 4】 I shall not take off this uniform until we have achieved victory.

【例 5】 I shall return.

例 3 可能表示说话人的打算、或者允许、或者决心、甚至可能表示一种客观要求下的必然。例 4 可以理解为表达单纯的将来"直到……才",也可以理解为说话人的打算、甚至是决心。例 5 中的 shall 可能用来表示对将来的预测,也有可能用来表示说话人的打算、甚至决心。

shall 的情态意义的延续性、模糊性和兼容性可以用图 1 来表示。横轴表示义务性由弱(可能)到强(必然);纵轴表示义务得到实施的要求由弱(轻微的个人意志)到强(强烈的客观要求);虚线表示"允许"、"打算"和"决心"中间存在着模糊的过渡区间。

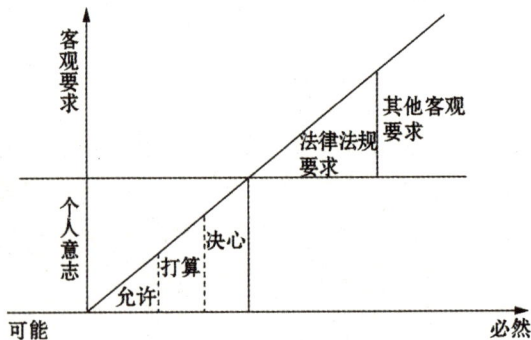

图 1　shall 的情态意义

2　研究设计

尽管语言学界对 shall 的使用和用法进行了多维的研究,但对 shall 的使用和用法的历时的实证研究鲜有涉足。前不久美国杨百翰大学推出的 *TIME* 语料库恰恰为历时的实证研究提供了强有力的工具。*TIME* 语料库是以美国《时代周刊》1923~2006 年所有真实语料为信息资源分年代和年份构建的。该杂志的文体和语篇类型相对比较丰富,尽管是以书面语为主,但也包含大量的对话文本。*TIME* 语料库的规模为 1 亿词汇。BNC 语料库是本研究的辅助研究工具。BNC 语料库主要收集了 1980s~1993 年间英国英语口语(10 Million Words)和英国英语笔语(90 Million Words),规模同样也是 1 亿词汇。本研究将从历时的角度,通过从定量到定性的方法,着重讨论以下四个问题:

(1) shall 的使用是否呈下降趋势。

(2) shall 的某些用法是否已经被淘汰。

(3) shall 在使用过程中是否有词典尚未总结的新用法出现。

(4) shall 是否是引言部分提到的颇有争议问题的唯一答案。

3　结果与讨论

3.1　shall 的使用总体上呈下降趋势,但短期内无明显下降趋势

如表 2 所示,shall 的词频逐年代递减,从 20 世纪 20 年代的每百万字出现 212.19 次逐渐降至 21 世纪前七年的每百万字出现 9.26 次。

表 2　shall 的分年代使用频率统计表

年代选段 (SECTION)	单词总数 (WORDS)	Shall 的出现次数 (TOKENS)	shall 每百万字的词频 (PER MILLION)
2000s	7,665,994	71	9.26
1990s	10,629,781	171	16.09
1980s	11,993,569	311	25.93
1970s	14,054,718	501	35.65
1960s	19,234,814	971	50.48
1950s	19,383,756	1367	70.52
1940s	17,070,692	1646	96.42
1930s	12,360,259	1493	120.79
1920s	8,322,595	1766	212.19

显然，80 多年来，shall 的使用呈现非常明显的下降趋势。但是，通过检索2000～2006 年 shall 的分年份使用频率(见表3)，笔者发现近七年来，shall 的使用频率并无明显下降趋势，但均低于 90 年代的使用频率(每百万字出现 16.09 次)，且主要集中分布在每百万字出现 8～9 次的频率上。

表 3　shall 的分年份使用频率统计表

年代选段 (SECTION)	单词总数 (WORDS)	Shall 的出现次数 (TOKENS)	shall 每百万字的词频 (PER MILLION)
2006	918,798	8	8.71
2005	935,051	7	7.49
2004	1,130,163	12	10.62
2003	1,063,911	8	7.52
2002	1,062,967	9	8.47
2001	1,199,719	7	5.83
2000	1,355,385	20	14.76

3.2　shall 一词的上述五种典型用法无一被淘汰，均在使用中

笔者通过详细分析 2000～2006 年 *Time Magazine* 中出现了 shall 的 71 个句子，发现 shall 在这 71 个句子中的用法涵盖了上述 shall 的五种典型用法。由于缺乏足够的上下文，有一小部分句子中的 shall 的确切用法很难断定，因此无法准确计算各种典型用法在 71 个句子中所占的比重。

3.3　短语"shall we say"正在越来越多地被用作插入语

仅有少数词典收纳了该用法在 71 个含有 shall 的句子中，"shall we say"用作插入语的句子有 8 句(11.3%)。TIME 语料库中的分年代使用频率折线图(见图2)表明：用作插入语的"shall we say"短语的使用呈上升趋势。

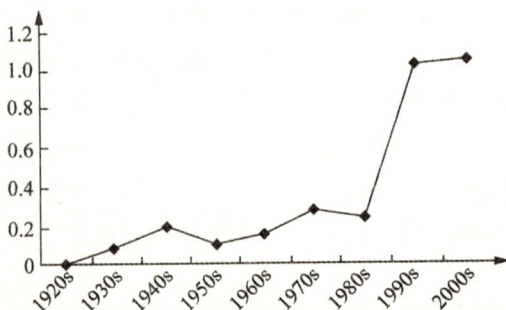

图 2　shall we say 用作插入语在 *TIME* 语料库中的使用频率折线图

【例6】In Colombia, job opportunities are, shall we say, limited.

通过例6,我们不难看出,shall we say用作插入语,表示说话人对自己将要给出的说法不太确定,可以翻译成中文"可以说"、"有点"、"在我看来",等等。

笔者查阅了各大权威词典中的shall词条,并未见到该用法的相关释义。但笔者改查阅say词条后,发现《朗文当代英语辞典》收纳了shall we say短语。为了验证短语shall we say的使用范围,笔者检索到BNC数据库shall we say短语用作插入语的句子126个,从而证明shall we say短语用作插入语的用法已较为普遍。

3.4　"shall"不是引言部分提到的颇有争议问题的唯一答案

通过TIME语料库检索,我们很容易发现I shall be twenty next month和I will be twenty next month两种说法都成立,而且,可以看到自从70年代以来,前一种用法在TIME语料库中没有再次出现。然而,通过BNC语料库检索,却发现英国英语在1980s~1993年间前者的使用(8次)比后者(5次)更加频繁,但我们仍然可以得到这个结论——在实际使用中,shall不是引言部分提到的颇有争议的问题的唯一答案。

4　对英语教学的启示

4.1　"shall"的相关教学

本研究成果告诉我们,尽管shall的使用总体上呈下降趋势,但其典型用法仍在使用中。首先,英语学习者、英语教师以及英语教材编写人员就应该切实掌握shall和用法,包括shall we say短语的用法。与shall相关的教学首先应该借助大量的例句、通过shall出现的不同情景,让学习者正确认识和理解shall的实际使用法。辨析will和shall的情态用法的区别和联系,可以避免在细微差别和隐含意义上出现理解误差。简单概括起来就是Palmer所说的"如果把表示意愿的will和表义务的shall看作核心用法,will和shall之间的关系则为will是主语取向(subject oriented),shall则是语篇取向(discourse oriented)"。[23] (P114)也就是说He will go, whatever you say. 的意义等同于He insists on going whatever you say;而He shall go, whatever you say的意义却等同于I insist on his going whatever you say。

其次,shall的使用频率大幅下降,英语教师应该提倡学生通过多种表达方式来表达情态,而不局限于情态动词。情态动词不是表达情态的唯一手段。胡壮麟、朱永生、张德录(1989)指出:表达命题的情态可以用情态动词表达,可以用表示概率或频率的情态副词表达,还可以两者并用;表达提议的情态可以用情态动词表达,可以用动词词组表达,也可以用形容词表达。情态副词、动词词组构成的句型、形容词构成的句型等都可以用来表达必然。英语教师要引导学生重视语境,根据具体的语境来灵活选用较恰当的表达方式。

再次,通过对引言部分颇有争议的题目的探讨,说明教师和教材编写人员应尽量遵循教学生"可"而不轻言"不可"的原则,一味让学生记忆语法规则及其例外,藉以找出唯一正确答案的教学方法是非常危险的。简言之,教师要授人以渔。

4.2　最大化利用现有资源

英语和所有的语言一样,都在不断发展以适应不断变化的环境。一方面,人类无法规定语言。英语以什么样的形式出现是人们在交际过程中自然确定的,人为的规定不切实际,永远无法阻止语言的发展和变化。"I shall, thou wilt (you will), he will, we shall, you will, they will"纯粹是语法家的发明(杨信彰 2006),而在现实生活中人们对 I/we will 的使用却很普遍。另一方面,人类对语言的描写往往略显滞后,词典和语法书籍不能包罗万象。"每一种活的语言都处于动态平衡,极小的变化发生在每一个言语行为中。"对语言现象的总结性描述往往略显滞后、不够全面,因为语言时时刻刻都在发生变化。正如陆谷孙先生所言"词典教你对与可,但不是所有对与可都能包含在一部词典里"(赵凌云 2005)。在使用语言的过程中,我们不断发现许多尚未被总结的新用法,同时,旧用法也不会立即消亡,正如 Crystal 所指出的,"新旧用法像亲兄弟那样在同一个疆域内继续生存"(《英语学习与交际大词典》2007)。

正因为语言在不断地变化,长期以来,一些用法变得过时,而另一些用法越来越被大家广泛接受。英语教学工作者有义务把握当代英语的脉搏,即其实际使用情况。途径有很多,除了广泛阅读英语报刊杂志、及时收听和收看各种英语视听资料之外,多和英语本族语者交流也算得上是一个很好的途径。但英语教师也不应该完全依赖英语本族语者。Gabrielatos 指出"直觉并不总是可靠的。即使是英语本族语者也难以清楚、全面地知道语言在所有语境中的用法。而且,不同的人的直觉也是不同的"(章振邦 2001)。英语教师需要用其他资源来检查这种直觉的正确性以及自己所掌握的知识的正确性。语料库就提供了这样的资源。只有英语教师能够最大化地利用现有资源来把握当代英语的脉搏,才可以帮助英语学习者大量接触、理解和学习"鲜活"的英语。也只有这样,才可以避免学生只知道"How are you?"而不知道"How are you doing?"或者"How is it going?"的尴尬局面。

原载《哈尔滨学院学报》2009 年 第 7 期

基于中国学习者英语口语语料库
模糊限制语的使用分析

吴　蕾　张继东

摘要：文章通过中国学习者英语口语语料库(COLSEC)和美国当代英语语料库(COCA)中的口语子库进行比较，研究中国学习者在英语口语中使用常用模糊限制语的主要特征。经统计检验发现：中国学习者与本族语使用者在模糊限制语的使用上存在显著差异。在程度变动模糊限制语的使用上存在多用和少用两种倾向，而范围变动模糊限制语的使用呈现明显不足的趋势。在缓和型模糊限制语里中国学生偏向超用语气强烈的情态模糊限制语，而直接缓和模糊限制语的表达方式缺乏多样性，对间接模糊限制语中的口语体词语与书面语体词语的使用混淆不清。本文分析解释了形成这些显著差异的原因，对英语口语教学有一定的启示意义。

关键词：模糊限制语　人际功能　口语语料库

0　引言

在人类语言中存在着许多没有明确外延概念的词语，语言学家称之为"模糊概念"。1965 年美国控制论专家查得(Zadeh)教授在《信息和控制》杂志上发表了题为《模糊集》(Fuzzy Sets)一文标志着模糊理论的诞生。受查得模糊理论影响，美国著名生成语义学者拉科夫(Lakoff 1972)发表论文《模糊限制语：语义标准及模糊概念的逻辑》，首次介绍了术语"模糊限制语"，开始了语言学领域内针对这类模糊现象的研究。国内学者对模糊限制语的研究也深入到语言研究的各个层面，其中有对模糊语义和词义的研究(吴世雄、陈维振 2001)；也有从语用学角度对语用模糊的探讨(林波、王文斌 2003)、(徐畅贤 2006)等；还有针对模糊限制语在一些专业体裁的书面语中的使用分析，如新闻英语(邢晓宇 2008)、学术英语(蒋婷 2006)、英语学术论文摘要(曾瑜薇、胡芳 2005)等。然而，对模糊限制语在中国学习者使用方面的定量统计、定性分析甚少，鉴于模糊限制语在口语体中的出现频率是其在书面语体中的两倍(Hyland 1996)，本研究将通过中国学习者英语口语语料库与英语本族语语料库中的口语子库为基础，对模糊限制语在中国学习者英语口语中的使用进行对比研究。

1　模糊限制语的分类和功能

1.1　模糊限制语的分类

英语中存在着大量符合 Lakoff 定义的模糊限制语，不同的语言学家对模糊限制语的理解不同而分类各异。迄今为止，比较有影响力的是 E. F. Prince、J. Frader 和 C. Bosk(1982)的划分方法，他们将模糊限制语分为两大类：变动型模糊限制语（Approximators）和缓和型模糊限制语（Shields）。变动型模糊限制语又进一步细分为：程度模糊限制语和范围模糊限制语；缓和型模糊限制语则细分为直接缓和语和间接缓和语。为了方便统计，现将常用的 61 个模糊限制语（Lakoff 1973）列表如下：

表 1　不同类型常用模糊限制语

常用模糊限制语	变动型模糊限制语	程度变动	a little bit, almost, entirely, few, frequently, kind of, highly, in a sense, little, more or less, nearly, often, quite, rarely, rather, seldom, slightly, some, something like that, sort of, somewhat, to some extent, usually, very
		范围变动	about, actually, approximately, around, chiefly, essentially, mainly, roughly, something between
	缓和型模糊限制语	直接缓和	can, could, may, might, must, ought, shall, should, will, would as far as I know, I assume/believe/guess/suppose/think/wonder, I mean, I'm afraid, possibly, probably, seem, hard to say
		间接缓和	according to, it is assumed/believed/reported/said that, presumably

1.2　模糊限制语的人际功能

言语交际是人类活动的重要组成部分，话语是传递信息的重要手段，语言不仅具有表达讲话者的思想和内心活动的概念功能，还具有表达讲话者的身份、态度以及他对事物推断的人际功能，通过人际功能，讲话者使自己参与到某一情景语境中，来表达他的态度和推断，并试图影响别人的态度和行为（李佐文 2001）。话语中的人际关系主要是指言语主体和交际对象之间的关系，它是一种平等的对话关系。建立并维系这种对话关系对于成功的交际非常重要，模糊限制语能使话语稳妥周全，礼貌客气，可以有效地调节和维系言语主体和交际对象之间的平等合作关系，这是它在话语中的人际功能。

　　模糊限制语广泛地存在于我们日常生活中,每天人们都或多或少地会用到,但作为英语的学习者,他们对模糊限制语的掌握如何? 同本族语使用者比较有何差异,这些差异的具体表现何在? 导致这些差异的原因是什么? 这些就是以下我们所要探讨的问题。

2　中国学习者使用模糊限制语的统计与分析

　　本研究通过美国当代英语语料库(COCA)中的口语子库和中国学习者英语口语语料库(COLSEC)进行比较。中国学习者英语口语语料库(COLSEC)是2000～2004 年全国大学英语四、六级口语考试语料,语料库容量为 758,925,由于该项口语考试在方案设计上已经考虑到口语交际的交互性,使考生在真实交际的语境中表现自己的口语能力,因此能够真实反映我国大学生的实际英语口语能力(杨惠中、卫乃兴 2005);美国当代英语语料库(COCA)是当今世界上最大的英语平衡语料库,收集的数据是最近 18 年(1990～2007 年)美国境内多个领域的语料,其中口语子库的容量为 76600000(汪兴富等 2008)。

2.1　统计结果分析

　　对于中国学习者英语口语语料库笔者利用 WordSmith Tools 4.0 进行检索其使用模糊限制词语的频率;美国当代英语语料库 COCA 中的口语子库采取在线检索方式。为了使得两个语料库中所使用模糊限制词语的出现频率可以比较,笔者将它们进行了标准化处理,标准频数＝某词的出现频率/语料库容量 * 100,000;最后使用统计软件 SPSS14.0 对之进行卡方检验以比较两者之间使用的差异。表 2 是程度变动模糊限制语在本族语者和中国学习者之间比较。

表 2　程度变动模糊限制语在本族语者和中国学习者之间比较

程度变动		COCA		COLSEC		X^2	P 值
		原始频数	标准频数	原始频数	标准频数		
几乎 非常 经常	almost	24729	33.28	53	6.98	16.9	.000
	entirely	2616	3.42	1	0.13	31.11	.000
	highly	3033	3.95	9	1.19	1.8	.180
	nearly	7997	10.43	25	3.29	3.77	.052
	quite	21741	28.38	298	39.26	1.81	.179
	usually	6817	8.89	228	30.04	11.31	.001
	very	208342	271.98	5965	785.98	249.71	.000
	frequently	1409	1.84	0	0	—	—
	often	13710	17.9	347	45.72	12.25	.000

（续表）

程度变动		COCA		COLSEC		X^2	P 值
		原始频数	标准频数	原始频数	标准频数		
有些 有点儿	a little bit	20176	26.3	29	3.82	16.13	.000
	kind of	69678	90.96	445	58.63	6.83	.009
	in a sense	1988	2.59	1	0.13	23.15	.000
	more or less	1095	1.42	1	0.13	11.27	.001
	slightly	2033	2.65	1	0.13	24.14	.000
	some	189182	246.97	4555	600.19	147.12	.000
	something like that	2701	3.52	30	3.95	.000	1.0
	sort of	34609	45.18	6	0.76	428.56	.000
	somewhat	3904	5.09	11	1.45	2.67	.102
	to some extent	906	1.18	40	5.27	2.67	.102
很少 不常	few	32608	42.5	84	11.07	18.96	.000
	little	82825	108.12	254	33.46	39.89	.000
	rarely	1303	1.7	5	0.66	4.16	.041
	seldom	325	0.42	38	4.08	30.42	.000

注:由于范围变动模糊限制语和缓和型模糊限制语同程度变动模糊限制语统计表格格式相似,文章不一一将表格列出,直接就各项统计数据结果加以分析。

从表 2 来看,我们可以发现在程度变动模糊限制语中表示"几乎、非常、经常"含义的词语里,中国学习者过度使用 very(p=.000),often(p=.000),usually(p=0.001)而像 frequently(0),entirely(p=.000)及 almost(p=.000)这些词的使用偏少,这同学习者习得英语词汇的先后顺序有关。在九年制义务教育 3 年制初级中学英语教科书中,学生最初习得的是 very,often,usually 等词汇,而 frequently,entirely,almost 等词的使用是在高中阶段习得,因此学习者倾向于使用最先习得的词汇。而另一组表示"有些、有点儿"的词组中,中国学习者偏爱使用 some(p=.000)及以 some 组成的词组,除 to some extent,something like that,somewhat 这几个词组的使用与本族语者差异不大之外,其他词组都属于偏少使用的情况,如 sort of(p=.000),slightly(p=.000),in a sense(p=.000),a little bit(p=.000),more or less(p=0.001),kind of(p=0.009)等。在表示"很少"含义的词语中,除 seldom(p=.000)中国学习者呈过度使用外,few(p=.000),little(p=.000),rarely(p=.041)使用的频率都偏低。这主要是因为与英语本族语丰富的语言资源来表示模糊含义相比,中国学习者的词汇量较小,加之不能充分体会这些词语的含义,就会出现少用现象。

在范围变动模糊限制语中,中国学习者呈现明显使用不足的趋势。9 个词组中 4 个词语 essentially, approximately, roughly, something between 属于完全不会使用,出现频率为零;其他 5 个词语除 mainly(p＝0.414)使用差异较小外,about(p＝.000),actually(p＝.000), around(p＝.000),chiefly(p＝.000)都是过少使用。这主要是由于中国英语教学的侧重点很大程度上仍停留在英语语音、语法结构、词汇的字面意义、话语的句子意义等层面,英语学习者在跨文化言语交际中只注重语法结构的规范、句型的运用、话语的句子意义等,缺乏对话语在一定语境中产生的会话含义的理解以及交际中应具备的语用意识;以致不知如何灵活使用自己已学习过的一些英语词汇。

在缓和型模糊限制语中,直接缓和模糊限制语的 10 个核心情态动词里,语气较强烈的情态动词 can(p＝.000), will(p＝.000), should(p＝.000), must(p＝.000)这四个词汇呈现超用情况,语气较委婉的 ought(p＝.000),would(p＝.000), might(p＝.000), could(p＝.000),may(p＝.000)使用较少。语气较强烈的情态动词超用是由于学习者将自己的社会文化价值观带入英语交际中(Hinkel 1995)。由于汉语经常使用"应该"或"要"来提出建议或给予帮助,因此与之相应的 can, will, should 和 must 便在中国学生的语料中大量出现了,但是中国学习者在使用情态动词时所赋予的意义与英语中的语义有所不同。如,学生用"You should see the doctor. "或"You must spend more time in study. "这类话语来表达对对方的关心、劝导,而在英语本族语中就可能会因语气的强制性而冒犯对方。语气较强烈的情态动词超用会使话语显得过于直接甚至唐突而导致交际障碍。另外在表示"我认为……,我想……"的直接模糊限制语中,中国学生最偏爱用 I think 一词,出现频率几乎是本族语使用者的四倍,而其他可以词组如:I mean(p＝.000),I wonder(p＝.000),I guess(p＝.000),I assume(p＝0.008)等用得很少。大量使用 I think,一方面说明该语料库口语活动的内容与阐述个人观点有关,另一方面也反映出学生的表达方式缺乏多样性。最后在间接缓和模糊限制语的使用中,中国学习者除了 it is assumed that,it is believed that,presumably 三个词语不会使用外(使用频率为零),其他三个词组 according to(p＝0.01),it is reported that(p＝0.001),it is said that(p＝.000)属于超用状态。这说明中国学习者对模糊限制语的口语体词语与书面语体词语的使用混淆不清。

2.2　原因分析

通过统计数据发现,在 57 个常用模糊限制语中,中国英语学习者掌握较好的、

与本族语者使用差异不大的只有 nearly,somewhat,to some extent，quite,highly,
hard to say 十个词语左右,其他词语都属于超用或少用状态。这除了与学生习得
一些词语先后顺序有关,更主要的是由于传统的英语教学过多强调词语在句法结
构中的语法作用,学生不知道如何处理言语交际中产生的具体问题而时常出现语
用失误。这样的教学导向使学生只注重语言的语法意义和句法结构,缺乏对英语
交际全貌的充分认识。就目前的英语教材而言,虽在教学内容、课文编排等方面有
很大的改进,但在展示英语交际全貌方面极显不足。据调查,几乎没有哪种英语学
习教材对类似模糊限制语的语言现象加以重视。

3　对教学的启示

　　模糊限制语是语用知识中的一部分,恰当地运用模糊限制语是一个合格的第
二语言使用者必备的语言能力之一。大学教师在教学中应有意识地让学生认识并
了解模糊限制语及其语用功能,从而丰富学生的语言表达手段,培养学生的口头表
达习惯,增强跨文化言语交际能力。我们可以从以下两方面入手来提高学生使用
模糊限制语的能力:①目前大学课堂使用的口语教材并没有充分反映出口语的真
实特点,这无疑会对教学产生消极后效,所以现有的口语教材应适量适度引进当代
真实口语语料,这样学生可以有机会接触各种语体以增加了解交际的全貌。②根
据 Schmidt (1990) 注意原则的主张,教师在口语教学过程中应充分讲解常用模糊
限制语的各种语用功能及使用场景,鼓励学生在日常交际中有意识使用模糊限制
语,最终达到无意识、自觉地使用习惯。

原载《东华大学学报(社会科学版)》2011 年第 2 期

语料库语言学研究发展趋势

赵晓临

摘要：本文探讨语料库语言学的发展动态与研究焦点：①平行语料库建设和研究中的对应单位；②连续词块自动提取的方法；③中国英语学习者与本族语者语言使用的对比研究；④语料库语言学的学科理论描述。

关键词：语料库语言学　发展动态

0　引言

20 世纪 60 年代初，美国布朗大学 Francis 和 Kucera 创建世界上第一个电子语料库美国英语语料库至今，语料库语言学研究经历了 45 年风风雨雨。随着计算机技术和人们对语言学应用的认识的提高，语料库语言学的理论研究、方法研究以及研究成果的开发应用等得以不断深入。语料库语言学研究在我国起步于 20 世纪 80 年代初，以上海交通大学杨惠中先生等开发的"交大科技英语语料库"（JDEST）为标志。我国的语料库研究为中国的外语教学与研究培养了一大批语料库语言学领域的专门人才，自主开发的产品在我国的外语教学与研究中发挥了不可估量的作用。英语学习者语料库有"中国学习者英语语料库"（CLEC，一百万词容量）、"大学英语学习者口语英语语料库"（COLSEC，50 万词容量）、"香港科技大学学习者语料库"（HKUST Learner Corpus）等；平行语料库有"汉英平行语料库"（PCCE）、"英汉双语语料库"等；特殊语料库有"中国英语（China English）语料库"和"新视野大学英语教材语料库"等；汉语语料库有"国家级大型汉语均衡语料库"和"《人民日报》语料库"等。我国的语料库建设与发展为应用语言学研究提供了物质基础和研究平台。

1　平行语料库的建设与研究

平行语料库在目前的语料库语言学研究中，越来越显示出其重要性。平行语料库涉及语言对比研究、翻译研究、二语习得、外语教学法研究等诸多领域，其研究成果可应用于外语教学、机器翻译、辞典编撰、信息检索等。但由于原语文本和目标语文本之间存在句子结构、语序等成分不对应的问题,平行语料库建设中文本语言单位的对应问题一直困扰着研究者。Sinclair (1991,1996,1998)在思考语料库语言频率证据的基础上定义并扩展了"意义单位"(unit of meaning)。Sinclair (1996)的意义单位概念包括:①搭配集,即词语意义实现的方式;②类联接型式,即词语语法实现的方式;③共现语义域,即词语的语义趋向;④语用实现,即语义韵。Teubert (2004)从翻译的角度提出了翻译单位的概念。Teubert 认为好的翻译被重复,所以重复概率显著的原语和目的语中的对应词语可以认定为翻译单位。但翻译单位的概念比较模糊,可操作性不强。李文中教授在近年研究的基础上提出了平行语料库研究中"对应单位"(corresponding unit)的概念。这一概念基于语料库研究翻译单位的对应问题,如"打击非法投机活动"中的两个单位"打击"、"非法投机活动"分别对应英语中的两个单位 strike out at 和 speculation,"大碗茶"对应英语的一个单位 stall tea。对应单位基于原语的最大切分原则,在理论上有其科学性,但对应单位在平行语料库中如何准确识别仍是很大的难题,文本的体裁对翻译手法的影响也会给对应单位的识别带来意想不到的困难。

2　词块的自动提取

词块研究历来为语料库语言学研究的重点,因为人们实际使用语言主要遵循 Sinclair (1999)所提出的"成语原则"(idiom principle)。首先,对绝大多数语篇而言,某些词语的使用频率比其他词语的使用频率高,某些词语的某些意义比其他意义的使用频率高。其次,这种意义趋势表现在某些词语的搭配频率比其他的搭配形式显著。再次,词的核心意义,即对大多数人而言最先想到的意义,通常是使用最频繁的意义。可以说,语篇是由高频共现的词语和高频共现的意义组成的。自语料库语言学诞生以来,从不同角度研究词块而使用的术语多达十几条,如 chunks,formulaic sequences,prefabs,lexicalized sentence stems 等,词块研究的重要性可见一斑。但对词块的研究探讨很大程度上受到了提取方法的限制,目前词块提取主要有搭配法、词丛法、搭配—词丛法三种。搭配法通过搜索关键词,确定与其高频共现的搭配,适合于研究个别词语;词丛法直接通过搜索词丛确定搭配的词块,如两词、三词、四词等等,可以一次性抽取大量词块,但很多在结构和意义上残缺不全,也存在相互重叠的现象;搭配—词丛法则将上述两种方法合而为一,但两者的问题都不可避免。无论采用哪种提取法,计算机自动提取的词块中都存在许多"假词块",最终确定往往需要人工介入,对大规模系统研究词块造成了很大困难。所以,如何能够自动提取词块是近年来语料库语言学研究的热门话题之一,探讨自动提取词块的第一步是有效提取连续词块(continuous chunks),它将为进一步提取非连续词块提供思路和设想。具体问题就是如何在自动提取词块过程中确定词块的合理的起始点和终结点,减少人工介入的工作量,提高自动提取词块的效率,使提取的词块最大限度与语言使用者心理现实接近。

3　中国英语学习者和本族语者语言使用对比研究

　　语言学习者与本族语者语言使用的对比研究可以追溯到"错误分析法"盛行的时代。错误分析研究过分重视错误收集,对影响学习者语言输出的各种因素关注不够,结果导致错误研究的发现难以解释,仅限于收集语言使用中的错误现象。与错误分析不同,二语习得研究不仅关注学习者语言使用的错误,更重视学习者学习过程中的中介语特点。二语习得的主要目的是揭示支配外语学习过程的机制,而由于这个过程无法直接观察,只能通过学习的产品—学习者的语言输出数据进行间接研究。近年来基于 CLEC（Chinese Learner English Corpus）、COLSEC（College Learners' Spoken English Corpus）以及小型学习者语料库的研究成果颇丰。桂诗春教授分析 CLEC 得出语言迁移在中国学习者写作中发生重要作用,因为他们的语言使用表明中国学习者更多地依赖完善的中文系统,而不依赖正处于构建中的英语语言系统表达复杂思想;濮建忠分别抽取 CLEC 和 Brown 语料库中的动词 reach 在＋n 类连接下的搭配情况分析对比发现,中国学习者与 reach 的名词搭配词与本族语者仅有一个相同,许多是不够典型的,甚至不为本族语者所接受的。上述对比研究具有十分重要的现实意义,我国英语学习者中介语系统的研究还处于起步阶段,基于语料库研究中国学习者的中介语特点,将为中国的英语教学提供非常好的方向和有价值的实用材料。

　　语料库语言学研究对实际语言使用的研究在以下方面探索了一条新路:①词语搭配和语义韵研究;②语言的组合和聚合关系的研究。Chomsky 的转换生成语法和 Halliday 的系统功能语法从不同角度研究语言的组合关系,而语料库语言学研究提供了研究语言组合关系的同时,探究语言聚合关系的新途径。我们以下例来讨论语料库语言学如何研究组合和聚合关系的。Elena Tognini-Bonelli 从 EC（Economist Corpus）和 WSJ (*Wall Street Journal*)语料库中检索出 all but 表达意义 except 时的例子:

　　　to their lowest level since August.　In **all but** one of the previous 13 days the has lasted longer than most.　She beats **all but** five of her predecessors since Yegor Gaidar, who lifted controls on **all but** a few goods a year ago.　Peace Achieving a decent standard of living than **all but** the most intrepid amateur

在表达 except 的意思时,all but 与表达"一定数量"意思的词和数量词"少"搭配。这里,all but 与具有"少量"语义趋向的词语搭配有两层含义:语法层面上,少量由数词和最高级实现;词汇层面上,数词被与少量有关的词语 a handfull,a few 连接起来。所以语料库数据使我们注意到词汇和语法之间的联系,以及这种联系所揭示的功能。传统语言学只能单独观察词汇或语法形式,分别进行研究,同时观察语法和词汇形式只有到了大型语料库出现才得以实现。中介语研究的热点问题之一是词语搭配对比,词语搭配从语料库语言学研究一开始便成为研究的中心话题,它也将是今后语料库对比研究的核心问题。此外,基于语料库探讨意义单位也是今后的研究方向之一,意义对比研究包括词语的语义韵、语义选择、搭配及类联接等方面。词语搭配和意义对比研究成果对外语教学中充分考虑意义的语境性和动态性提出了要求,这一点《柯林斯 COBUILD 英语词典》树立了一个典范——利用大型计算机语料库,提供语境性释义,从而充分体现词语的自然运用时的动态特征。

4　学科理论的系统描述

Firth 理论认为我们通过感觉经验(sense-experience)理解意义和研究语言,语言从根本上讲是一种社会现象和行事方式,语言系统是一元化体系。语料库语言学的研究,其哲学基础来自认识论的经验主义。经验主义认为知识来源于人对客观世界活动的经验,反映在语言研究的方法上,它将语言视为一种社会符号系统,强调语言的社会功能。与经验主义相反,理性主义认为人的知识来源于人脑本身,其哲学思想反映在语言研究的方法上则是强调语言形式。语料库语言学研究以 Firth 语言学派的实证主义为理论基础,以验证数据(attested data)为出发点,研究语言在社会生活中的使用,而非乔姆斯基学派所崇尚的内省数据(introspective data)。Firth 指出实时记录的验证数据才是语言学家关注的中心问题。新 Firth 学派的代表人物 Halliday,Sinclair,McIntosh 等以及后 Firth 学派的代表人物 Stubbs,Hoey,Renouf,Teubert,Tognini-Bonelli 等都将语言使用者的实践作为研究对象。Sinclair 认为,语料库语言学研究自然出现于文本中的语言(naturally occurring data),在此理念的指导下,Sinclair 主持建立了世界上第一个口语语料库——伦敦一爱丁堡语料库(the London Edinburgh Corpus)。语料库语言学将语言看作社会符号系统,从验证数据出发,研究实际使用中高频复现的语言现象,并透过语言现象本身探讨语言的社会功能。

5　结语

语料库语言学研究今后的发展将关注三个方面的问题。首先是方法论的问题。社会科学的研究方法与自然科学的研究方法有所不同,语言学界长期争论的二元论、一元论,以及语言的概率属性的观点的大讨论有助于语言学界百花齐放、百家争鸣。其次是语料库语言学研究的应用。如何将语料库语言学的研究成果应用于外语教学的诸多方面,有效地提高中国的外语学习者听说读写译的能力值得语料库研究者深入探讨。最后是语料库语言学研究的理论基础。语料库语言学是应用语言学的一个研究领域,作为一门学科有其坚实的理论支撑,对语料库语言学的理论基础的研究必将成为语料库语言学研究的热点问题之一。

原载《外语教学与研究论丛》2007 年 4 月

短语学研究综述

阮凤英

摘要:本文主要对短语学的源流进行了总的回顾,通过对理论驱动短语学和基于频数短语学的详细阐释,表明它们之间存在着某种承继关系:理论驱动的短语学,采用自上而下的演绎法,对短语单位的内部结构、语义特征等进行理性分析;基于频数的短语学则采用自下而上的归纳方法,从数据出发,认定短语序列的标准为量化的频数信息,涉及更广泛的词语现象。理论驱动的短语学所提供的相关概念和描述体系为后者提供了有用的理论参照。因此,未来的研究中,后者有必要借鉴前者,修正和整合前者方法下的概念和描述体系。两者的结合是未来短语学发展的必然趋势。

关键词:短语学　理论驱动型　基于频数型

0　引言

什么是短语学? 这是本文首要回答的一个问题。迄今为止,对于短语学的定义仍未有一个令人满意的答案。由于语言学有诸多分支,如心理语言学、认知语言学、语料库语言学等。它们的研究角度不同,因而短语的定义也各有千秋:认知语言学的定义为意象单位(symbolic unit)(Langker,1987),构式语法为构式(construction)(Goldberg,1995),心理语言学家为词语化句干(lexicalized sentence stem)(Pawley & Syder,1983),语料库语言学为搭配框架语(collocational framework)(Renouf & Sinclair,1991)、型式(pattern)(Hunston & Francis,2000)。但追溯到短语学研究之始,即俄罗斯和东欧等传统短语学研究,他们则认为:"短语学是研究词语组合的一个连续统:由完全固定的短语及习语向语义明确、多变的自由组合这一极过渡。"(Granger & Paquot,2008)

尽管多词单位(multi-word units)研究由来已久,但一直处于学科研究的边缘地位,未能在语言描述方面发挥其应有之用。究其原因,可能因语言学的传统观念,即语法第一、词汇第二的观念已深入人心,因此该领域始终未得到应有重视。如 Sinclair(Granger & Meunier,2008)认为:短语学重整体,词汇与语法应为统一整体,词汇占更重要地位;但其重组合与传统语法强调的聚合关系相悖。因此,传统语法居主导地位的时代,短语学未在语言学描述中崭露头角。自 80 年代以来,电脑技术迅猛发展,语料库随之发展壮大。大量语料库文本的建立(如英国的COBUILD 大型语料库,Longman 语料库,均用于词典编纂),促使人们开始重新认识短语学:短语学研究聚焦于语言使用的组合关系,而语料库提供的强大数据恰好满足短语学这一需求。毋庸置疑,短语学是搭建语料库语言学与语言描述的一座完美桥梁。基于频数、重视概率的短语学研究自此开始。短语学作为语料库语言学研究的焦点之一,近几年来受到了越来越多语料库语言学者及专家的关注:他们以语料库强大的数据作为支撑,聚焦于结构良好、意义完整的成语习语、半固定短语及意义明确的不完整词语序列等。本文将对短语学的源流进行综合概述:主要包括定性以及定量短语学研究两部分。

1　定性研究:理论驱动型

理论驱动型短语学源于苏联及东欧国家。它聚焦结构良好、成语性较强的固定短语,由某种理论驱动,采取自上而下的标准去明确界定短语并进行理论分析。理论驱动短语学的代表人物有 Bolinger(1976),Fillmore(1979),Pawley 和 Synder(1983),Cowie(1988), Nattinger 和 De Carrico(1992),以及 Wray(2002)等。

Bolinger(1976)是关注传统的程式化预制块(formulaic prefabrication)并将其提升到理论层面的重要代表人物之一。他从语言习得和记忆储存的角度探讨搭配并视其为一种语言预制块(linguistic prefabrication):搭配像成语一样,是一种语言使用惯例或规约。他认为:"在任何情况下某些词语组合都被作为一整体,重复地用于某种情形之下,那么就此可认定它们为有内在联系的整体,且可以作为整体直接提取并运用到实际生活中。"(Bolinger & Sears,1981) 在语言学习和使用中,语言预制块被作为整体学习、提取和使用,形式与意义一体,同时发生。如人们使用 strong tea,而不用 powerful tea,这均由语言使用的惯例化或因循性,无法解释。

Fillmore(1979)定义短语(phrasicon)为:"可以去记忆而非生成的短语。换句话说,它们是一些固定表达,人们不能仅凭语法、词汇知识就可解释其意义和功能。"(Fillmore, 1979) 通过观察,他得出:"人们之所以具备如此强的语言能力,关键在于他们可掌握程式化表达。"(Fillmore, 1979)通过其长期追踪学习者习得语言过程,他进一步认为:"习得程式语(formulae)策略对语言学习至关重要,正是这一步骤使得学习者掌握了习得语言的一个先决条件。"(Fillmore, 1979)

借用前人对英语对话的研究,Pawley 和 Syder(1983)认为:熟练掌握一门语言很大程度上取决于存储于头脑中的固定化或词汇化短语单位,他们称之为词语化句干,并试图解决语言学理论中令人疑惑的问题:交际过程中,本族语者是运用传统语法规则抑或事先存储于头脑中的词语化句干来表达自己的思想观点。研究表明:首先,本族语者头脑中存储有大量可直接提取的固定或半固定词语化句干,用以表达自己的思想;其次,本族语者具有在连续语篇中创造流畅自然语块的能力。运用语法规则与程式化的词语化句干处于一个连续统之间,它们之间没有不可逾越的鸿沟,而是相辅相成。

Nattinger 和 De Carrico(1992)将短语学运用到语言教学与学习中。他们将"具有语用功能的词语搭配"定义为词汇短语(lexical phrases),这些词汇短语语实质上是高度惯例化的搭配,长度不等,结构繁简不同,是预先装配好的词组。而语言使用的过程就是将这些搭配链接成话语的过程。可将其为四个子类:多元词语块(polywords)(如,in a nutshell),习俗语语块(institutional expressions)(如,nice to meet you),短语构架语块(phrasal constituents)(如,a year ago),句子组构语块(sentence builders)(如,I think(that))。随后,他们进一步阐述了词汇化短语的特征:一,预制块与习俗化的程式语在语言学习中发挥重要的作用,它们作为意义单位可以用于语言教学与研究;二,它们有不同的结构化层次,关注焦点为传统化、习俗化的预制块;三,它们可大到句子,小至词组;四,语用功能是区别不同程式语的一个标准。虽然他们在序言中宣称此项研究为基于语料库的研究,但对何种语料库以及如何运用语料库提取数据均未作进一步解释,因此不能称之为语料库研究。

深受语言习得理论研究影响,Wray(2002)提出了一个二元理论系统模型。她认为语言是一个双重体系:一是以规则为基础的分析体系,由单词和有限的语法规则构成,相对封闭;二是以记忆为基础的套语(prefabricated chunks)体系,由具有交际功能的语块组成,相对开放。前者占据长期记忆的空间小,抽象性高,灵活性强;而后者则能很快从记忆中提取出来,满足即时交际的需要,使语言准确、流利、地道。这两个体系相辅相成,都是语言不可或缺的成分。

理论驱动的短语学研究具影响力的代表人物之一是 Cowie。(1988,1994,1998)他主要从事词汇学与词典编纂的研究。他从语言使用的稳定性出发,将词语分成两大类:复合语(composites)与程式语(formulae):"复合语即词语组合,它们在形式和意义上可有少许变化,作为构成句子的成分使用,表达指称以及命题意义;""程式语主要用于口头表达,其语用功能相对固定。"(Cowie,1998)他特别强调语言使用中的稳定性特征,此点恰与 Bolinger 语言预制块作为整体提取便于交流的观点交相呼应。

总之,理论驱动的短语学研究使得短语学研究不再从属于语言学某一分支的研究,而是独立成为一研究领域,在描述语言学方面发挥作用。其主要特征为:研究出发点为纯理论模型,方法采取自上而下的演绎法,只包括小部分形式完整、意义固定的短语;其主要标准取决于心理凸显性(psychological salience),频数及概率却未有提及。随着短语学研究的深入,理论驱动的短语学日渐显示出其弊端,语料库语言学的出现及其发展为短语学的发展提供了一个很好的平台。以下主要阐述与语料库结合:即定量的短语学研究。

2　定量研究:基于频数型

定性研究的短语学关注形式完整、意义明确的短语、习语和成语等。自从上世纪 50 年代中期语料库语言学兴起之后,以 Sinclair 为代表的 COBUILD 团队在词典编纂过程中发现,大量高频使用的词语序列作为一整体使用,但他们并未流于传统短语学所推崇的语义非合成性(non-compositonality)及形式固定性(fixedness)等标准;在研究过程中,他们摒弃先前传统的描述体系、范畴和区别:一切从证据开始,采用自下而上的归纳法,发现新的型式、意义及概念和方法论体系。受 Firth 搭配观启发,语料库语言学家们利用大量的原始文本数据进一步确信:自然语言高频使用不完整的复现词块与结构。因此,他们将语料库与短语学相结合,使得短语学的研究迈上了一个新台阶。

参照语料库语言学中有基于语料库、语料库驱动的两分之法(Tognini-Bonelli,2001)定量短语学研究采用同样范式论述。

2.1　基于语料库的方法

Tognini-Bonelli 在其 *Corpus Linguistics at Work*(2001)一书中界定并区分了这两种方法。基于语料库的方法依照传统理论,对文本进行大量的语类和信息标注(tagging),运用语料库出现之前的传统理论并附加频数信息,主要目的是证实、证明已有的传统假设、理论等。其研究未突破传统的语法理论体系,因而只能在限定的框架内进行,没有能够去发现新概念及范畴体系。语料库驱动的研究者们在词典编纂过程中发现,大量的语言事实与传统理论相冲突,无法再用传统框架去解释数据,因此他们尝试通过大量明确的语料库数据来概括和提炼新的概念、方法和理论体系。

Tognini-Bonelli(2001)所提出这一理论并未得到广泛认同:如 McEnery, et al (2006)就从四个方面,经过一番探讨,认为基于语料库与语料库驱动并无实质性区别,二者既有冲突又有调和,可以并存:尤其对一般的运用项目而言,如语言教学及学习等研究,文本标注(基于语料库的方法)必不可少:不标注就无法全面提取所需数据且得出合乎实际的理论;其次要对语言做全面探索,光靠描述数据远远不够,必须予以相应解释方能全面了解语言本质。虽然目前二者均有其不同的出发点与焦点，但随着研究深入及语言自动化程度的不断提高，二者融合属自然之事。因此，接下来将对语料库驱动的短语学作重点阐释。

2.2　语料库驱动的方法

语料库驱动的短语学从真实的数据出发，不再依靠已有的理论模型，认定短语序列的概率和频数标准，内容涉及更广泛的词语现象。语料库驱动的短语学代表人物主要有 Sinclair(1991，2004，2006)，Altenberg(1998)，Hunston(2002，2008，2009)，Biber(2004，2006)等。

Sinclair 可谓语料库驱动短语学研究的鼻祖，为语料库驱动的短语学研究作出了不可磨灭的贡献。不同于传统的语言描述研究，他认为语言始于词汇而非语法，构成语言的最小意义单位不是单词(word)，而是词项(lexical item)。之后，他提出了语言描述的两大原则，即成语原则(idiom principle)与开放性原则(open-choice principle)，且认为成语原则在语言描述中起主导作用，并藉语料库驱动的方法，将词项(lexical item)扩展为核心词(core)，搭配(collocation)，类连接(colligation)，语义趋向(semantic preference)，语义韵(semantic prosody)，由此提出了具有历史性意义的"扩展意义单位(extended unit of meaning)"。(Sinclair，1996) 这 5 个要素组成的扩展意义单位实质上实现了形式、意义与功能的共选。扩展意义单位突破了以往的以某个单词和固定短语为基本单位的限制，将意义单位的研究扩展到所有的围绕节点词而产生的相关型式，是典型的形式—意义—功能的复合体。此理论的提出为语料库驱动的短语学研究奠定了扎实的基础。短语学是 Sinclair 毕生研究的中心话题之一，在他看来，一切语言皆为短语："短语，一切都是短语，除了短语什么也没有。"(Sinclair，2008)

受到 Sinclair 语料库驱动理论与方法的启示，Hunston and Francis(2000:3)提出语料库驱动短语学的另一个重要概念，即型式(pattern)，并将此研究称为型式语法(pattern grammar)，其焦点为高频的词汇搭配，并在此基础上概括搭配的词汇—语法型式。两人认为，词汇与型式相辅相成，密不可分：每一个型式均有特定意义的词项构成；同理，每一个词项也有其相应的型式。其研究特征可概括如下：首先，直觉不再作为可靠的向导，唯有语料库强大的数据方能展示典型与非典型型式。其次，高频的词语共现并不能证明某一型式的存在，辨识型式的唯一方法需对索引行进行阐释。第三，频率是判定型式的重要标准之一；反之，即使某一词出现于某一型式，但如果不属高频复现，不能随意将其定义为型式。最后，型式与意义密不可分。型式语法(pattern grammar)秉承 Sinclair 提倡的语料库驱动方法：基于数据，从词汇出发，集形式、意义、功能为一体，与 Sinclair 的理论实质一脉相承。

Sinclair 开创了语料库驱动短语学研究的理论先河。受其启发,Altenberg (1998)通过数据证明语料库驱动短语学研究的可行性。基于 LLC (London Lund Corpus),通过对英语口语复现词语组合(recurrent word combinations)的形式、意义、功能进行分析和阐述,研究表明:首先,在日常口语交际中,人们高频使用预制块去表达意义,这些预制块可为宏观语篇,也可为词组短语等;其次,大量的词语组合语义明确、形式灵活。也就是说,它们界于一个连续统之间,即完全词汇化的固定短语与自由组合之间。Altenberg 可谓语料库驱动短语学研究范式的里程碑式人物(Wei 2007)。

深受前人理论与实践启发,美国学者 Biber 分别于 2004 和 2006 年对大学水平的英语口语及书面语短语特征进行深入探讨。基于 T2K-SWAL(TOEFL 2000 Spoken and Written Academic Language Corpus),他的研究强调不同短语型式(Biber 称之为词束,lexical bundle)在不同语域中的不同功能。数据分析表明:

(1) 不同语域中,表达方式存在差异:结构复杂的短语常见于书面语;典型语法化结构于学术语篇中高频出现,口语中则相反。这可能与口语表达的即时性要求有关,说话者无法在短时间内思考并运用较复杂的表达。总之,口语交际的主要目的是说话人意图的实现,以互动形式居多,侧重表达说话者的个人感情和态度等;书面语则间接地将作者的观点、态度传递给读者。

(2) 立场(stance)表达在口语、书面语中均高频使用,如课程管理属书面语:立场表达较口语更多,但多为指令性或交流性话语。他的研究更趋近于驱动短语学研究的目的。

定量研究的短语学,即基于频数的短语学无疑给短语学研究注入了新活力,使得短语学的研究冲破了之前传统的固定习语、成语等桎梏,扩展到半固定及高频的不完整词语序列等。融入了频数的短语学,使得传统短语学之前排除的许多自由组合也被囊括在内,便于短语学能更好为语言描述服务。

3 结语

过去 20 多年来短语学的迅猛发展,导致短语学研究两种社团共存现象的产生:即传统理论驱动型和基于频数型两种研究方法的对立。直到现在,两个社团的学者们依然是各持己见:传统方法的学者依然忽略语料库强大数据支撑的说服力;而基于频数型的学者仍未意识到其研究实质与传统方法有某种内在的承继关系。因此,短语学的研究始终不能在描述语言时大放光彩。

毋庸置疑,基于频数的短语学研究应该融入到短语学研究的主流社团当中。

但传统短语学过分强调短语形式固定性与语义的非合成性,也导致他们忽略了大量语义明确非固定形式的高频序列在语言描述中的重要作用。

　　总之,传统短语学的研究框架和相关概念体系确实为基于频数的短语学提供了大量的理论标准。未来短语学的发展方向应该是整合这两种方法,使得基于频数型的短语学研究能够得到更系统的概括和抽象化。唯有这样,短语学才可在语言学的理论与实践中发挥其应有作用。

网络语料库索引行信息在外语教学中的应用

赵晓临

摘要:探讨中国外语教师如何分析网络语料库数据,并将研究成果引入课堂教学。语料库索引行信息可以用于探讨本族语者的真实语言使用,也可以对比分析中英文的异同。

关键词:语料库　索引行　语义特征　外语教学

0　引言

　　20 世纪 80 年代 John Sinclair 在英国伯明翰大学创建英语语料库 Bank of English(以下简称 BoE),开创了具有革命性的由语料库数据驱动编撰词典的时代。30 年后的今天,除了词典编撰外,语料库语言学研究在其他领域也硕果累累,如语料库数据驱动研究英语本族语者的语言特征、基于语料库探讨外语学习者的中介语特征、建立平行语料库进行双语对比研究等等。基于大数据的语料库语言学研究成果揭示出许多已有语言学理论中未提及的真实语言的使用特征,如词汇搭配的语义特征、语言使用的短语学特征(Firth 1957)等等。今天"语料库语言学"这一术语似乎家喻户晓,然而令人遗憾的是,该领域的许多研究成果并没有被充分理解,许多重要发现和最新进展没有应用到语言教学中。近年来中英文在线语料库不断涌现,它们为外语教师提供了丰富的真实文本语料,充分利用在线语料库资源值得外语教学界研究。本文将探讨外语教师如何提取网络语料库数据,如何分析数据并将结果用于课堂教学。本文讨论的语料库数据主要来源于柯林斯在线英语索引行抽样语料库 Corpus Concordance Sampler(以下简称 CCS)[①],英国伯明翰大学由远程登录的英语语料库 Bank of English(以下简称 BoE)[②],以及北京大学

---

　　① 　柯林斯在线英语索引行抽样语料库 Corpus Concordance Sampler(CCS)为词容量 5 千 6 百万的开源附码语料库,可以检索英国英语和美国英语书面语,以及英国英语口语语料。网址为:http://www.collins. co. uk/Corpus/CorpusSearch. aspx。

　　② 　英国伯明翰大学由远程登录的英语语料库 Bank of English(BoE)词容量为 4.5 亿,由 13 个书面语子库和 6 个口语子库组成,语料来源涉及英国、美国、新西兰、加拿大四个英语国家的学术性及非学术性书面语语料,以及广播电视节目及日常口语会话等。本文中 BoE 数据的获得时间为 2008 年 10 月。

汉语语言学研究中心的网络汉语语料库(以下简称 CCL)①。

1　索引行信息与外语课堂教学

在语言研究的核心问题上,Sinclair(1991)提出的语料库语言学与 Chomsky 的转换生成语言学和 Halliday 的功能语言学有着很大不同。Chomsky 转换生成语法的哲学基础是二元论,他将语言分为语言能力(competence)和语言应用(performance),仅关注语言系统的研究;Halliday 功能语法的哲学基础是一元论,他认为语言具有社会性,因而语言研究的对象应该是在社会语境中实际使用的语言。虽然二者研究语言的哲学基础不同,但他们研究的语言关系却是相同的,即语言的聚合关系,譬如 Chomsky 树形图中可作为 NP 的成分,如 we,they,I 等之间存在聚合(paradigmatic)关系,Halliday 的主位结构理论中可充当主位或述位的成分之间也存在聚合关系。而以 Sinclair 为代表的语料库语言学家聚焦于真实语言,他们的研究基于大数量真实数据,以复现的语言形式、意义及其内在规律为研究内容,归纳、概括和描述形式选择和意义实现的机制(卫乃兴 2007)。语料库语言学家重视语言的组合(syntagmatic)关系,认为一个词的意义存在于它的结伴关系中。他们认为,语言的组合关系更能反映真实语言中各成分之间的关系;同时,语言的组合关系又体现了形式与意义一体的语言内在机制。为说明问题,我们在 CCS 语料库中检索了 GET② v-ed(动词过去分词)型式,可以看到 40 行随机索引行。由于版面有限,我们在表 1 中仅列出 10 行随机索引行。

表 1　CCS 语料库中 GET v-ed 的随机索引行

spirit mediums. These days however, they just	get	bored and irritable; especially if they have
Sense that make? What kind of sense it make to	get	fired form a job where you making eight
[ZGY] him. So we were planning to	get	married and he had the old lady died in
may choose not to use the motorway at all if it	gets	blocked in a serious manner. If he's on the
perceived wrongs. A common variation of how sex	gets	caught in the middle of a couple's power
the house of death. The watcher found himself	getting	excited. To be the representative of the
falling right on one's face sometimes	getting	hurt and insulted but basically going on
directly support quality as opposed to	getting	sidetracked [ZGY] she's talking to the
he said. 'I wanted to see us win things and I	got	frustrated. I jumped in, I was a bit selfish.
said you were going to blow him up when you	got	coked to the gills on your heroin!" She

---

①　北京大学汉语语言学研究中心的网络汉语语料库(CCL)包括现代汉语语料库、古代汉语语料库和英汉双语语料库,网址为:http://ccl. pku. edu. cn/Yuliao_Contents. Asp。

②　在语料库语言学研究中,大写字母的单词为词元,代表该词的所有变体。如 GET 指代 get,gets,got,gotten 和 getting。

索引行信息可以为教师提供供课堂教学使用的真实文本资料。首先,教师可以根据讲课需要自行检索词或型式(pattern)。索引行是以某个词或某个型式为对象的检索结果,如表 1 是对 GET v-ed 型式的索引行检索结果,它提供检索对象的组合关系信息,即动词 GET 与动词过去分词搭配词的搭配信息。其次,教师可以将索引行结果直接用于课堂教学,也可以将结果作为学生自主学习的材料,由他们总结 GET v-ed 的语用特征。我们下面将深入探讨外语教师如何将表 1 所示的索引行检索结果用于课堂教学,启发学生掌握语言的组合关系。

2　索引行信息与词汇意义研究

近年来基于大数量真实数据分析的语料库语言学研究成果证实,自然语言中存在大量重复使用的词汇搭配。研究表明,大多数日常词汇没有独立的意义,它们形成的多词型式(multi-word pattern)构成了文本的重要组成部分。一方面,词汇和其搭配词之间相互依赖,所以在本族语者使用的语言中,某些词高频共现,极端例子如 kith,它只出现在短语 kith and kin 中。另一方面,更为重要的是,词汇搭配与意义密切联系,词的意义因其高频共现的搭配词不同有所差异,而与某个词高频共现的搭配词往往形成一定的语义趋向(semantic preference),从而具有一定的语义韵 (semantic prosody)。 Sinclair (2004) 将 搭 配 (collocation)、类 连 接 (colligation)、语义趋向、语义韵及其之间的相互关联性称为扩展意义单位 (extended unit of meaning)。Sinclair 的研究方法是从语料库数据出发,根据上述几个方面归纳总结出词或型式的意义。我们仍然以 GET v-ed 的随机索引行信息为例分析。对 GET v-ed 的 40 行索引行数据分析时,教师可以引导学生按以下步骤归纳该型式的意义。首先,整理语料库数据,去除含有非动词过去分词搭配词的索引行,如 got used to 和 got printed menus 共 3 行索引行。其次,分析 GET 的动词过去分词搭配词的语义特征,GET 的 37 个动词过去分词搭配词中有 15 个具有明显的消极语义特征,如 kicked, teased, bored, fired, fed up, disappointed, blocked,caught,wound,hurt,sidetracked,frustrated,forced,roped,这些词占搭配词总数的 40.5%;GET 的动词过去分词搭配词中仅有 excited 一个具有明显积极语义特征,占搭配词总数的 2.7%;其余 21 个动词过去分词搭配词本身虽然无明显语义特征,但是观察它们的语境意义却发现,除了包含 get started 和 get married 等共计 4 个索引行外,其他 17 个索引行中 GET v-ed 都含有主语被动行事的意义,这类动词过去分词搭配词约占搭配词总数的 50%,如...you were going to blow him up when you got coked to the gills on your heroin! 再次,我们在 BoE 语料库中检索上述 GET v-ed 型式,可以按照频数及互信息值 MI 分别检索,用以检验 CCS 语料库的检索结果。按照频数提取的搭配词,频数越高,说明它与 GET 共现的次数越多;MI 值则提供两个词之间搭配力强弱的信息。MI 为正值,说明两词之间存在相互吸引。MI 值越大,两词共现的概率越高,故搭配力越强;反之,MI 值越小,搭配力越弱。虽然按照 MI 值提取的搭配词可能包含语料库中词频很低的词,但是它是反映短语中两词间联系的紧密程度的有用指标。结果发现在 BoE 中共有 12313 索引行,频数值和互信息值排在前 20 位的动词过去分词搭配词检索结果如表 2 所示。

表 2　BoE 中 GET 的右 1 动词过去分词搭配词

(a) 按共现频数排序						(b) 按 MI 值排序					
1	involved	1235	11	fed	161	1	birched	12.32	11	married	10.72
2	married	1162	12	bored	141	2	reacquainted	12.06	12	bogged	10.64
3	used	602	13	hurt	140	3	sidetracked	11.36	13	psyched	10.58
4	paid	470	14	elected	118	4	slagged	11.15	14	bored	10.45
5	caught	358	15	called	88	5	waylaid	11.10	15	nabbed	10.45
6	done	246	16	hit	88	6	acquainted	10.92	16	mopped	10.41
7	lost	233	17	mixed	87	7	fobbed	10.84	17	lumbered	10.25
8	started	201	18	excited	82	8	caned	10.82	18	shortchanged	10.21
9	stuck	198	19	interested	81	9	mugged	10.79	19	re-elected	10.17
10	killed	167	20	confused	80	10	clobbered	10.79	20	booted	10.15

　　按照对表 1 索引行信息的处理方法分析表 2 数据,表 2 中的频数和 MI 值数据说明,GET 与具有消极语义特征和中性语义特征的动词过去分词搭配力非常强。观察其语境意义也表明,GET 5 v-ed 具有消极和中性语义特征。

　　综上所述,词的意义不仅指传统上的"词典意义",还应当包括与该词有着组合关系的搭配词的意义,以及搭配词所产生的语义趋向和语义韵,或语义特征,即积极、消极或中性语义特征。语料库语言学强调观察的重要性,它以词汇为研究的出发点,探讨词汇为中心的词汇—语法(lexico-grammar),探讨词汇与语法的组合,以及词汇—语法与意义和功能的密切关系。对于中国学习者而言,词汇知识是他们学习的基础,也是他们使用英语的难点。中国学习者往往以为掌握了英语词汇,但是在与其他词搭配使用时却常常与英语本族语者的用法相去甚远。中国学习者需要更多地了解英语本族语者的高频搭配信息,网络语料库索引行检索在今天的英语教学中可以发挥重要作用。

3　索引行信息与英汉词汇意义对比研究

　　对中国学习者而言,词汇之间的搭配使用是英语学习的难点之一。由于所蕴含的文化背景知识不同,英文和中文之间存在很大的语义趋向上的差异,这一点也给外语教师的课堂教学带来了困难。英汉语料库的索引行信息对比,可以为外语教学提供大量语言差异方面的信息。譬如教师可以提取同义词或短语的索引行,分析搭配词的语义特征为学生讲解意义差异。我们下面以英语同义词 completely 和 utterly 为例分析索引行数据如何应用于课堂教学。在 CCS 语料库中分别检索与上述两个副词与形容词搭配的索引行,completely 的形容词搭配词有:new,free,different,foreign,true,automatic,pleasurable,separate,harmless,unconscious,unresponsive 等,搭配词中既有褒义词,也有贬义词和中性词;utterly 的形容词搭配词中绝大部分具有消极语义特征,如 inexcusable,ridiculous,impossible,bare,unfamiliar,miserable,wrong,ruthless 等。因此,尽管 completely 和 utterly 都对应中文"完全地",但两词的形容词搭配词却反映出它们具有不同的语义特征。utterly 吸引具有消极语义特征的词汇,所以它高频与贬义词搭配使用;而 completely 与积极、消极和中性语义特征的词都可搭配使用,语境意义相对复杂。

　　如何用英文表达中文的"问题"也常常给中国学习者带来问题。我们在 CCL 语料库中检索"问题",可以得到表 3 所示的索引行:

表3　CCL 语料库中"问题"的随机索引行

《九章算术》中。在第八章"方程"中,第一个	问题	是计算粮食问题:"今有上禾三秉,中禾
方程,得到的未知数值称为方程的解。许多实际	问题	都可以归结为解方程问题,这使得方程用
最高幂数,称为方程的幂次。在用方程解决实际	问题	时,首要的是设未知数,然后根据条件列
纪,中国的《张丘建算经》中有一道著名的百鸡	问题	:"百元买鸡百只,小鸡 1 元 3 只,母鸡 3
他让两个资格、职位相同的候选人解答下面这个	问题	,谁先答出就提拔谁。——"有人在林中散
着人类社会实践活动的增加,需要研究各种运动	问题	,即对运动物体的数量关系进行刻划,这就
们同时从两地起飞,几天后相遇? 这个有趣的	问题	出自中国古代数学名著《九章算术》,书
我们的祖先是用比例方法解决这个	问题	的。他们充分认识到了比、分数、除数的相

　　中文的"问题"和英语的 problem 对等吗? 我们在 BoE 语料库中检索了 the problem,结果如表 4 所示。

表4　BoE 语料库中 problem 的随机索引行

obvious. Ministers acknowledged the	problem	seven months later, when full
them? What do I THINK caused the	problem	[P][P][h] What do I think can
in the Gulf had complicated the	problem	. He said his country, which is due
which have not yet encountered the	problem	should commence immediate
the select committee has exposed the	problem	. Now it is up to the Government to
solving; we have identified the	problem	; we know how the problem can be
They thought they had solved the	problem	, but I wanted to show them the
to 6x4 inch. So far I've solved the	problem	by having selectively cropped

观察表 3 中"问题"和表 4 中 the problem 的语境不难看出,中文的"问题"比英文中的 the problem 语义宽泛,中文的"问题"可以意同英文的 problem,指"困难之事",也可以指话题或议题,即意同英文的 topic 或 issue。所以,作为如何表达中文"问题"的课堂材料,教师应当检索至少上述三个单词的索引行,并比较这些索引行中检索词的搭配词及其使用语境,使学生对它们的语义特征的差异有更加深刻的认识。

4　结语

作为经验主义学派,语料库语言学探讨实际生活中真实的语言。语料库不仅为外语教师提供课堂教学素材,也为中国学习者自主学习提供参考。利用网络语料库的索引行信息,一方面,外语教师可以引导学生归纳检索词或型式的常用搭配,讨论搭配词的语义特征,从而更好地理解检索对象的意义及其用法;另一方面,外语教师也可以引导学生对比英语索引行和中文索引行的差异,总结中英文用词乃至谋篇方略的异同。总而言之,如果外语教师更多地将本族语者的真实语料引入课堂教学,必将对中国学习者习得并输出自然、贴切的语言起到很好的作用。

原载《图书馆理论与实践》2010 年第 6 期

第四部分　建构主义与多媒体英语教学

建构主义是认知理论的一个重要发展阶段。建构主义思想最早是由瑞士心理学家皮亚杰通过研究儿童的认知规律提出来的,后来又汲取了维果斯基"最近发展区"理论和奥苏贝尔有意义接受学习理论的精髓,因此,较好地揭示了人类学习过程的认知规律。建构主义理论的基本观点认为,知识不是通过教师传授得到,而是学习者在一定的情境即社会文化背景下,借助他人的帮助,利用必要的学习资料,通过建构意义的方式而获得。在学习过程中帮助学生建构意义就是帮助学生对当前学习内容所反映的事物的性质、规律,以及该事物与其他事物之间的内在联系达到深刻的理解。这种理解在大脑的长期储存形式就是关于当前所学内容的认知结构。由于学习是通过人际间的协作活动而实现的主动建构知识意义的过程,因此建构主义学习理论强调以学生为中心,"情境"、"协作"、"会话"、"意义建构"为其四大要素。根据建构主义观点,在具体教学中应以学生为中心,教师成为教学过程的组织者、指导者、意义建构的帮助者和促进者。充分利用多媒体的辅助手段,并与其他教学方式相结合,激活英语课堂教学,以求最佳教学效果。

在本部分中,首先通过改善校园英语环境对建构主义中"情境"进行了创建,此外从听力和口语教学的实践对建构主义如何应用在课堂教学展开探讨。实践证明,建构主义教学设计原则适应新时代学生心智多样化发展的趋势和要求,对培养学生的自主学习能力和英语综合应用能力有着深刻的指导作用,对促进大学英语教学改革具有重要的意义。

图式理论在多媒体辅助
大学英语听力教学中的应用

卢　静　戴培兴

摘要:由于激活和构建图式对于提高听力理解有着重要的作用,现今的听力教学也越来越重视图式理论的应用以提高学生听力理解的能力。在多媒体教学环境下,大学英语听力教学应利用现代技术资源帮助、引导大学生激活、丰富、构建图式,促进听力理解。

关键词:听力理解　图式　多媒体辅助语言学习

0　引言

　　作为重要的语言输入途径,听在人类的语言习得中发挥着巨大的作用。认知心理语言学倾向于把听力理解看成一个复杂的心理对意义的建构,是一个积极地对声学信号进行分辨、筛选、组合、记忆、释义、储存和预测的过程。因此,听力理解的过程实际上是信息传递的过程,受到说话者、听话者和听力材料等诸多因素的影响。听力理解不仅要求听者在短时间内对语音、词汇、语法进行识别,而且还需要听者对听力材料本身所传递的其他信息进行加工处理。心理语言学认为听力理解是一个人概念能力、背景知识、处理方略三者相互作用的结果。图式是组织我们感知世界的内在结构(黄子东 1998),对感知世界和语言理解有着巨大的影响。在二语/外语习得研究中,用图式理论来解释听力理解则主要强调背景知识在听力理解中的重要作用(李冬梅 2002)。我国学者黄子东(1998)和汪兴权(1999)分别就图式理论对听力理解产生的影响进行了研究。研究表明,语言背景知识/图式对外语听力理解有着显著的影响,听者对听力材料内容的熟悉程度将直接影响到他的理解水平。

　　如今,随着现代教育技术的发展,以计算机为核心的多媒体辅助外语教学已经成为外语教学改革的发展方向。本文以我国听力理解研究取得的成果为基础,进一步探讨在多媒体教学环境下,如何在大学英语听力教学中发挥现代科技的资源优势,加强学习者在背景知识方面的学习,丰富扩大学习者的知识面,提高学生听力理解的能力。

1　听力理解的过程

　　Anderson(1985)把语言理解划分为三个相互联系又循环往复的过程:感知处理(perceptual processing)、句子分析(parsing)和运用(utilization)。前两者注重语言材料本身,是将信息由短期记忆向长期记忆转换的过程,而运用阶段则是将材料在大脑中的表征信息与长期记忆中的已有的知识联系起来,从而得出正确的理解。心理学家认为,语言理解中大脑对信息的处理方式分为两种:"自上而下"的概念驱动加工模式和"自下而上"资料驱动加工模式。"自上而下"的概念驱动加工模式是从高层次的图式和背景知识开始,以它们来预测、推测、筛选、吸收或同化输入信息,并以抽象化的结果结束。相反,"自下而上"资料驱动加工模式是由刚进入认知理解系统的具体信息启动,这些具体信息激活最具体最底层的图式,理解过程因此从最具体最底层的图式的示例化开始,这样从具体到抽象自下而上进行,以高层次或较抽象的图式的示例化或形成而结束(Adams & Collins 1979)。这两种方式在处理信息时,不能完全独立作用,而是交互作用和相辅相成的,应当从不同的层面上共同促进语言理解,听力理解作为一种复杂的信息转换过程也包含"自上而下"和"自下而上"这样两种方式。大量的实验证明,正确而高效的听力理解是这两种信息加工模式相互作用的结果,单一的自上而下或是自下而上的信息加工都不能实现最终的听力理解。虽然在听力理解的初级阶段,听者需要使用自下而上的模式,通过对语音、词汇、语法等语言因素、语言知识的分析来进行听力理解,但是这种停留于字面意义上的理解显然是不够的,它只是提供了正确理解的基础。要实现正确的听力理解,还需要利用听者原有的世界知识或是背景知识加工建构信息。在"自上而下"的听力理解过程中,听者就需要使用头脑中已有的知识即图式来促进理解。

2　图式理论与听力理解

　　图式理论(Schema Theory)是 30 年代初由英国著名心理学家 F. C. Barlett 在其著作《记忆》中提出的。所谓"图式"是指每个人过去获得的知识在头脑中储存的方式,是大脑对过去经验的反映或积极组织,是被学习者储存在记忆中的信息对新信息起作用的过程及怎样把这些新信息丰富到学习者知识库中的过程(史旭升 2004)。认知心理学家皮亚杰认为,个体认知发展是一个动态的平衡过程,包括均衡内部两种相反行为的自我调节行为即同化与顺应。在理解、吸收输入信息的时候,人们要利用原有认知结构中的有关经验(即背景知识/图式)去同化新知识,将个体感受到的刺激纳入到原有的图式中去。输入的信息必须与这些图式相匹配，图式才能起作用，完成信息处理的系列过程，即从信息的接受、解码、重组到储存。如果在新的环境中不能实现这一同化过程，那么势必就要求人们通过调节自己的内部结构以适应特定的环境刺激，使原有的认知结构发生重组与改造以顺应新的变化。图式中每个组成成分构成一个空档（slot），当图式的空档被学习者所接受的具体信息填充时，图式便实现了。

在外语学习中，图式可以是指与被学习的语言背景相关的知识，是隐藏在特定言语表达形式背后的信息，分为"与语言本身相关"的背景知识和"与社会文化本身相关"的背景知识。听力教学中图式分为语言图式和内容图式。语言图式指的是听者已掌握的语音、词汇及语法等方面的基本知识，是听力理解的基础。而内容图式指的则是那些发生在特定场景中储存在人的大脑中的日常生活常识、对话双方的关系以及说话人的行为程式，这些应该都是相对比较固定的。语言图式和内容图式对于听者对听力材料的理解都是十分重要和必要的。心理学实验证明图式在听力理解和记忆的提取方面扮演着重要的角色。

图式理论强调背景知识在听力理解中的重要作用，因为口头语篇本身并不含有任何意思，相反，口头语篇只是给听者提供了他们应如何从背景知识中提取或构建意图的方向（Rumelhart & Ortony 1997，Howard 1987）。由此可见，听力理解不是单纯地对字面语言信息进行解码的过程，而是听者脑海中的背景知识与口头语篇信息交互作用的结果，听者头脑中的已有的图式是决定听者是否能理解语篇的关键（王瑞昀 2004）。听者在听的过程中如缺乏背景知识或不能恰当地运用背景知识，未能成功地激活图式，听力理解就会受到严重影响。究其原因，可能是因为材料中没有充足的线索，使听者不能成功地激活自己已具备的足够图式，或是因为听者大脑中没有与材料相关的图式。有关背景知识的教学活动可以大大促进学生的听力理解。因为，听者大脑中的图式越多，对材料的理解就越容易，越正确，越是有利于在大脑中建立更多的图式，形成良性循环。

3　多媒体环境下的听力教学

随着科技的迅猛发展，计算机多媒体已广泛运用于语言教学，这极大地丰富了语言学习的途径，促进了学习者的认知加工过程，为语言学习和教学提供了前所未有的宽广的教学平台。运用多媒体计算机进行语言教学，我们可以通过综合使用各种媒体技术存贮、加工和传授外语教学的信息，从而获得最优的教学效果。在多媒体辅助大学英语听力课堂上，教师要能够充分发挥出教学资源的优势，尽可能地为学生提供丰富的背景知识，避免他们因为未能激活头脑中已有的图式或是因为头脑中缺乏图式而造成听力理解上的困难。

3.1　在多媒体教学环境下激活学生脑海中已有的图式并建立新图式

对听力内容的熟悉程度会直接影响到听力理解的效果。教师可通过激活学生脑海中的已有图式(或是直接向学生介绍相关的背景知识)帮助他们建立新图式,从而指导和帮助他们积极地进行意义建构。如今,很多英语水平测试中的听力部分的材料都与一定的社会、科技、文化方面的内容相联系,需要学生尽可能地利用那些已经存储在脑海中的相关背景知识。如何激活这些已有的图式,提高学生的听力理解能力,是英语教师在教学过程中应当密切关注的。在多媒体教学环境下,英语教师可利用集文字、图片、音乐和动画为一体的课件光盘,DVD 碟片或因特网等多种途径,让学生回顾那些他们曾经经历过的生活场景或从阅读中获得的新知识,激活他们已有的图式。在课堂讨论过程中,教师可以适当引导同学使用一些听力材料中要出现的词汇来进行描述,并根据学生讨论的情况加以补充。像这样的图文并茂又十分贴近生活的讨论在不知不觉中就已经激活了学生已有或新增的图式,使课堂生动有趣。学生再去听材料时,就会感觉到更容易,理解得也更深入。

比如,《大学英语听说教程 1》(新版)的第九课 Part B 主要是介绍 Camp David——自 20 世纪 40 年代起就成为美国总统度假胜地的旅游地。大部分同学只是从新闻广播中听说过这个地方,至于这个地方究竟是怎样的风景,具体的位置在哪里等诸如此类的细节内容却没有任何感性认识。但是在课堂上,如果教师利用几分钟的时间在多媒体计算机上向同学展示事先准备好的有关 Camp David 的文字及图片材料,或是在条件允许的情况下让同学自行上网搜索相关信息,使学生对建立起初步的感性认识,并通过学生与学生之间、学生与教师之间的交流、对话和互动活动,在他们的脑海里增加有关 Camp David 的新图式。这种直接向学生提供背景知识的教学方法,可以增强学生对听力内容的兴趣,又能降低他们因为对所听内容不熟悉而产生的焦虑感,从而提高他们的听力理解的能力。

3.2　发挥多媒体教学资源的优势,促进学生对听力内容中与社会文化有关的图式进行有效的意义建构

语言是文化的载体,不同的语言体现不同的文化,没有文化背景输入的英语教学是不完整的(Brown 2000)。对语言的正确理解离不开对文化因素的考虑。在外语听力理解中,语言中蕴含的文化差异会对听力理解产生显著的影响。对目的语文化的有限了解会成为阻碍学生听力理解的重要因素。所以,教师要利用多媒体教学资源向学生进行英语文化输入,帮助他们构建相应的文化图式,减少他们在

听力过程中因为缺乏对英语文化的理解而遇到的障碍。教师除了在课堂上直接向同学进行相关文化知识的口头介绍,还要利用网络上收集到的图片、视频、文字等资料,或是通过带领学生观看一些经典的外国电影的 DVD 碟片等等,多渠道、多途径地帮助学生构建文化图式。这样的方法既直接感性又生动有趣,能够激发学生对英语文化的兴趣,同时又能提高他们听力理解的能力。比如,英语典故习语多来自《圣经》和希腊罗马神话,如 Achilles' heel(唯一致命弱点)、Penelope's web(永远完不成的工作)、a Pandora's box(潘多拉之盒——灾难、麻烦、祸害的根源)等,如果学生不了解这些习语背后的典故,他们就会局限于字面意思,不能切实地理解这些习语在文章句子中的意思。教师在教学过程中应当注意采用多媒体设备,生动有趣地向学生介绍这些习语背后的典故,一方面可以增强他们对英语学习的兴趣,另一方面也可以加深他们的记忆。

4　结语

听力能力的提高是一个非常复杂的综合能力的训练过程,语言图式和内容图式的共同相互作用才能真正提高听者的听力理解能力。虽然内容图式对促进听力理解有着重要的作用,但是语言图式是听力理解的基础,要激活有关的内容图式就必须具备一定程度的语言能力。因此加强语言基础知识和背景知识的教学都是听力教学不可或缺的重要组成部分,教学中切不可以顾此失彼。

大学英语听力教学要充分发挥现代教育技术的优势,积极调动学生的主观能动性,提高学生对听力材料的兴趣,多渠道、多方位地帮助学生激活与构建图式。在教学过程中英语老师要充分利用各种技术手段,借助于网络上丰富的学习资源和教学环境,利用多媒体图、文、声并茂的多感官刺激,激活学生头脑中已储存的知识结构,使新信息更容易被理解和吸收并融合到已有的图式中,产生新图式,丰富头脑中图式的内容,从而能正确理解和记忆所听的内容。然而课堂时间毕竟是短暂有限的,正所谓"授之以鱼,不如授之以渔",教师更应该作为学生学习过程中的引导者,为学生提供各种信息资源,让他们在课余时间多接触与积累文化背景知识。随着不断增长积累的经验阅历,学生的认知图式就会得到扩大和修正,并不断给他们提供一种参考,使之对所获得的信息进行联想、制约和理解,从而提高其听力理解的能力。

原载《芜湖职业技术学院学报》2006 年 第 1 期

建构主义在英语口语教学中的应用

吴　蕾

摘要：论述了在新形势下，以建构主义理论为指导的大学英语口语课程的设置及其学习效果评估。经过两年多的教学，学生的上课反映、问卷调查及期末测试等都显示了以建构主义为指导的新的教学模式能使学生的学习主动性增强、英语口语水平提高，符合教改所提的要求。

关键词：建构主义　学生主体　情境　协作

0　引言

教育部教育厅 2004 年 1 号文件《大学英语课程教学要求（试行）》提出："大学英语的教学目标是培养学生的英语综合应用能力，特别是听说能力，使他们在今后工作和社会交往中能用英语有效地进行口头和书面的信息交流，同时增强其自主学习能力，提高综合文化素养，以适应我国社会发展和国际交流的需要"。同时，它又指出："教学模式的改变不仅是教学活动或教学手段的转变，而且是教学理念的转变，是实现从以教师为中心、单纯传授语言知识和技能的教学模式，向以学生为中心、既传授一般的语言知识与技能，更加注重培养语言运用能力和自主学习能力的教学模式的转变。"根据此要求，东华大学外语学院成立大学英语口语精品课程组，积极探索在新的形势下如何用恰当的教学理论建立起新的教学模式。

1　建构主义学习理论

建构主义是认知理论的一个重要分支，它认为知识不是传授的，而是由学习者自己建构的，学习并不像行为主义所说的那样是一个刺激反应的过程，而是学习者在一定的情景中通过与环境的相互作用和与他人的协作，利用必要的学习资料逐步构建的过程（Jonassen 1994），这同以上提出的要求有一定的相似性。因此，按照建构主义学习的理念，根据《大学英语课程教学要求（试行）》中提出的教改目标，我们结合实际，设计出各种学习情景和活动来帮助学生完成意义的建构、提高英语口语交际能力。

2 实验过程

2.1 实验对象

在 2003 年秋季全校 3000 多名非英语专业二年级本科生中有 1200 多名通过上网选择了口语课程,在 2004 年又有 1500 多名学生选修此课,2005 年的选课学生达到 2000 人左右,以建构主义学习理论为指导的新的教学模式分别在 2003 年 4 个班级,2004 年的 8 个班级及 2005 年的 12 个班级(每班 35 人左右,一周两课时,每学期 17 周授课)作为试点进行实验。经过 5 个学期的实践,一个符合大学英语口语教学规律的新模式逐渐形成。

2.2 课堂教学

2.2.1 强调教师主导、学生主体的上课方式

建构主义学习理论认为:学生是认知的主体,是知识意义的主动建构者。教师只对学生的意义建构起帮助和促进作用,并不要求教师直接向学生灌输知识。教师总的角色是学习的辅助者(facilitator),即为学生提供学习的条件,帮助学生学习的人(Littlewood 1981)。

由于口语能力的培养是一个循序渐进的过程。十几年"以教师为中心"的填鸭式教学模式已让学生养成了只听不说的习惯,在课程的最初几个星期重点要克服学生的胆怯心理,用丰富多彩的图片及音像资料(从不同的光盘、VCD、DVD 等剪辑汇编)来激发他们的学习兴趣和愿望、发挥他们的首创精神;在学生变得乐于开口发言后,就用具体的话题让他们进行讨论,学习如何在交流中发表自己的观点,学习如何将原有的知识进行外化;最后,在学生达到用英语交谈没有很大障碍的情况下,可以采取辩论的形式,通过不同观点的辩解,锻炼他们实际应用英语的能力和应变能力,真正达到自我反馈。在学生适应这种学习方法后,可以让他们根据个人水平的不同选择适合自己的展示方式。通过这些训练,学生的主体地位日益加强,学习主动性也有了提高。

2.2.2 设置各种"情境"完成对意义的建构

建构主义认为,学习总是与一定的社会文化背景即"情境"相联系的。建构主义的学习环境是"可以提供大量真实的学习资源,特别是基于任务和解决问题型的情景,适合学习者之间、学习者和教师之间的社会互动的学习环境"(Lowyck 2001)。

作为第二语言的学习者,学生很难找到英语情境提高自己的口语能力,所以必须创设自然逼真的语言环境来帮助学生进行口语训练,多媒体课堂是建构主义学习理论所提倡的,目的就是为学习者提供恰当情境,从而进行语言训练,帮助学习者进行新知识图式的建构。非英语专业学生在英语课之外几乎没有英语口语训练的机会,这就需要利用网络学习资源库,实现学生课外网络自主学习。我校引进了"雅信达"英语学习平台,我们精品课程组创建了英语口语课程网站,这都提供了资源供不同程度的学生在课外进行自主口语训练。资源库中涵盖了政治、经济、娱乐、财经等各种前沿的与现实生活密切相关的英语语料,学生可以根据自己的兴趣爱好、专业学习目标来选取训练内容,通过模拟的真实情境进行人机对话或协作学习,进行有意义的口语建构实践。

2.2.3　不同形式的协作学习加强学习者之间的合作

建构主义强调整个学习群体共同完成对意义的建构,而不是其中某一位或几位完成意义建构;其实际意义是:生活中没有一件事情是不需他人直接或间接帮助能完成的。因此,要加强学习者之间的合作。协作学习(Collaborative Learning 简称 CL)是指"学习者以小组形式参与,为达到共同的学习目标在一定的激励机制下,为获得最大化个人和小组学习成果而合作互助的一切相关行为"(Wilson 1996)。

设计协作学习环境的目的是为了在个人自主学习的基础上,通过小组讨论、协商,以进一步完善和深化对主题的意义建构。整个协作学习过程均由教师组织引导,讨论的主题皆由教师提出,大多留有一周的时间让学生课后准备,可以选择的表现形式多样,由学生自己安排。如"电脑与互联网"一课中,学生既自编自导了情景剧"Cyber Love",又有对话阐述对互联网的看法,最后,还有两组学生对 PC Games 展开辩论。这样通过表演、对话、讨论、辩论等不同形式的活动,学生们学会了如何用英语表达自己的观点、如何说服别人认可自己的观点,达到使用英语进行交流的目的;并且在协作学习中,学生要不断反思自己的思考过程,对各种观念加以组织和改组,有利于学生建构能力的发展。

2.3　课外辅导

为了支持学习者的主动探索和完成意义建构,在学习过程中要为学习者提供各种信息资源来支持他们的自主学习和协作式探索。教师主要指导应从何处获取有关的信息资源,如何去获取(用何种手段、方法去获取)以及如何有效地利用这些资源等问题。而现代信息技术,特别是多媒体与计算机网络技术的应用,为学习者提供了极为丰富的电子化学习资源,包括数字化图书馆、电子阅览室、网上报刊、数据库、多媒体电子书等。因特网蕴藏着无穷无尽的信息海洋。学习者只要掌握了一定的网络通讯操作技能和资料检索能力，就可以通过各种网上搜索引擎（yahoo、google、sohu 等），方便快捷地获取自己所需要的信息；另外，学生之间及学生和教师之间也相互留下 E-mail 地址，可以及时地帮助解决问题、加强协作。

3　学习效果评估

3.1　对学习者口语能力的评估

由于口语考试与其他考试有所不同，考生的临场发挥显得尤为重要。期末测试以辩论的形式，在一定程度上可反映出学生英语的实际运用能力和应变能力。为达到评分的客观性和公正性，我们规定期末成绩占总分 50%，上课表现占 40%（每次发言都有记录），出勤率占 10%；并且一学期在不同阶段共设计了三份问卷调查，及时根据学生的情况改进教学；此外还有一份学生个人自我评分的标准，也为教师的最后评分提供了参考。

我们对学生口语能力分六个等级来评估（表 1），流利表达视为最重要，其他如思想内容、语法、发音等为评分要素考虑在内。期末成绩参考学生自评等级由教师根据其考试表现来评判核定。学生在整个学期中的口语能力发展状况如表 2 所示。

表 1　学生口语能力等级标准

等级		具体表现
6	很好掌握	（对话题发言流利，能对组员的提问作出积极回应，能有效地使用语言完成交际任务，英文表达比较地道）
5	较好掌握	（对话题发言无大错误，对组员的提问能及时回应，但英语表达不够地道）
4	一般掌握	（对话题发言时有停顿，对组员的提问回应简短，有一些语法和发音的错误，但大体不影响理解）
3	基本掌握	（对话题发言迟缓，对组员的提问回应迟钝，有一些影响理解的错误）
2	开始阶段	（对话题发言缓慢，影响理解的错误较多）
1	最初阶段	（对话题发言含糊，只字片语，令人费解）

表 2　学生口语能力等级发展

三种评估	1 级	2 级	3 级	4 级	5 级	6 级
学期初自评	3	13	26	15	6	3
学期末自评	0	0	14	26	18	8
总评成绩	0	0	16	21	15	5

从 24 个实验班中随机抽样的 2 个班级的数据（表 2）显示：到期末时，66 名学生中有 41 人已发展了较好的语言能力，占总人数的 62%；总体呈现无论基础较差还是较好的学生在学期内都有较明显的长进。

3.2　对于新的教学模式的评估

学期末我们设计了问卷调查，在学生当中对此教学方式进行广泛征求意见，问卷的题目涉及学生学习态度的转变、学习兴趣的提高及对新的教学方式的评价等，调查结果显示有 95% 以上的学生认为自己的英语口语能力得到提高，98% 左右的学生喜欢这种上课方式。在学期结束的问卷中发现，近？的学生认为新教学方式比一般课堂教学模式的教学质量有显著的改善；一半以上认为新教学方式比一般课堂教学模式的教学质量好；学生们还渴望在班上发言的机会更多些、活动形式更丰富些、课堂气氛更轻松些；甚至有几位学生通过 E-mail 的方式与任课教师成了畅所欲言的好朋友。

4　结束语

基于建构主义学习理论的英语教学所强调的是：教学过程以学生为中心、教师为指导；课堂学习着重情境的构建和学习者间的协作；课外强调利用网络进行自主学习，这些都能够充分发挥学习者的主动性、积极性和创造性。学习者不仅英语口语水平得到提高，对英语的兴趣也增加了，与他人的协作能力也有了改善。可见基于建构主义学习理论的英语教学符合教改提倡的从应试教育向素质教育转变的要求，对教学模式的转变起到了积极作用。

原载《东华大学学报（社会科学版）》2007 年第 1 期

以学生为中心的听力教学成效探讨

马蓉雅　戴培兴　方小菊

摘要：本文作者以建构主义学习理论为指导,对自己所教的一个班级进行以学生为中心的听力教学改革试验,采用问卷调查和访谈的形式对受试学生的学习自主性和听力能力方面的变化进行了实验研究,指出以学生为中心的听力教学不仅有效地提高了学习者的学习自主性,还提高了学习者的听力水平。

关键词：以学生为中心　学习自主性　建构主义

0　引言

目前的大学英语教学虽然已经取得了可喜的成绩,但随着改革开放的不断深入,经济建设的迅猛发展,社会对大学生的英语能力,尤其是听说能力提出了更高的要求。大学英语听说教学面临着新的严峻挑战。因此,积极地采取措施改进教学方法,探究收效显著的教学模式,以最大限度提高学生的听说能力,成了英语教师的当务之急。

事实上由于种种原因,目前的大学英语听力课多半还是以教师为主,而听力过程往往受心理因素的影响。因而在以教师为主的教学模式下,学生极易产生紧张情绪,以致学生对听力产生恐惧心理。为探求更合理的教学模式,尝试把以教师为中心、单纯传授语言知识的教学模式,转向以学生为中心、更加注重培养语言运用能力和自主学习能力的教学模式。作者结合实际,以建构主义学习理论为指导,对所教的一个班级进行了在教师指导下,学生自主学习的听力教学改革实践。

1　理论依据

以学生为中心的教学模式的提出,主要得益于 20 世纪 90 年代悄然兴起并最为人们推崇的建构主义学习理论的启发。建构主义是行为主义发展到认知主义以后的进一步发展。主要有皮亚杰(Piaget)为代表的认知建构主义和维果斯基为代表的社会建构主义。认知建构主义强调个体的主动性在建构认知结构过程中的关键作用。维果斯基(Vygotsky)的社会建构主义则强调认知过程中学习者所处的社会环境对学习的关键性作用。和行为主义注重外部刺激强调反复训练和刺激以使学生达到熟悉程度的学习观不同,建构主义着重于学习者的主观意义构建。概括地说,建构主义是指学习者将正规传授的知识通过其已有的认知结构和文化社会情境进行主动的意义建构(Holec 1985)。

　　建构主义者认为世界是客观存在的,但是对于世界的理解和赋予意义却由每个人自己决定。人们以自己的经验为基础来建构或解释现实,人们的个人世界是用自己的头脑创建的,由于各自的经验以及对经验的信念不同,人们对外部世界的理解也不同。所以建构主义更关注如何以原有的经验、心理结构和信念为基础来建构知识,强调学习的主动性、社会性和情境性。

　　建构主义认为,学习是一种意义建构的过程,是学习者主动建构知识的过程,而不是将课本和教师的知识装入学生头脑中的过程。学生是知识的主动建构者和运用者;教师是教学过程的指导者与组织者,是意义建构的促进者和帮助者;信息所携带的知识不再是教师传授的内容,而是学生主动建构意义的对象;学习环境包括“情境”、“协作”、“会话”等要素(Jonassen 1999)。情境必须有利于学生对所学内容的意义建构;协作发生在学习过程的始终;学习小组的成员之间必须通过会话协商共同完成学习任务。

　　建构主义强调学生的主体地位,强调学生对知识的主动探索、了解、发现并对所学的知识进行主动建构,也就是说这种建构不是由别人(例如教师或辅导员)而是要由学习者自己完成——要由学习者在适当的学习环境下通过主动探索、主动发现,即通过“自主学习”才能完成。

　　与行为主义理论重视以教师为中心、强调“教”不同的是建构主义强调以学生为中心、强调“学”。建构主义强调情境、强调学生为中心、强调协作等等,都为学生的学习创造了良好的外部环境。只有在这种环境下学生的学习才能顺利进行和充分构建。

　　建构主义学习理论强调以学生为中心,学生由知识的被动接受者变为信息加工的主体、知识意义的主动建构者;教师则由知识的传授者变为学生主动建构意义的帮助者、促进者(何克抗 1998)。因此,与建构主义学习理论相适应的教学模式可以概括为:以学生为中心,在整个教学过程中由教师起设计者、组织者、指导者的作用,利用情景、协作、会话等学习环境要素,充分发挥学生的主动性、积极性和首创精神,最终达到使学生有效地实现对当前所学知识的意义建构的目的。

2　研究设计

2.1　实验背景

　　传统听力教学模式是教师在放音前先将生词向学生进行详细解释,然后统一放音,接着就直接向学生提问。教师只要求学生在教材上的四个选项中找到问题的答案,因而课堂上教师一直忙于放音,让学生做书上的听力理解题,无暇顾及学生在听音时的困难和情绪。教师注重的是听的结果,即学生答案的对错,而不是学生的听力学习过程。这种教学模式导致学习者主体意识缺失,积极性、主动性消退。

　　而大学英语自主听力教学模式是贯彻“以学习者为中心”、“学习者自主”的理念、利用现代教育技术的最新成果而进行的一种新型的教学模式。这种教学模式与传统的大学外语听力教学模式有着显著的不同。

　　在“以学生为中心”的听力教学实践过程中,笔者主要采取了以下的措施:

　　(1) 变传统费时较多的教师讲授为教师指导下的学生自主学习。课堂上笔者先简短地向学生布置听力任务,原则上要求学生选定《新视野大学英语视听说教程》(如教材上的对话和篇章等)的一个单元进行自主听力学习,把词汇解释放入文档以便学生需要时查看。然后学生可以按自己的意愿学习听力。也就是说,学生不必在教师统一安排下同步地听音和做练习。在课堂上学生不仅有权决定听音的次数,还可以根据自己的实际情况决定完成听力任务的顺序。

　　(2) 丰富听力课堂的学习材料。与普通听力班不同的是课堂上学生的学习内容不局限于教材,学生(在完成笔者布置的听力任务前提下)可以根据自己的兴趣选择教材以外的内容进行学习,教材以外的内容指的是笔者提供的与课文主题相关的听力材料。

　　(3) 强调学生的听力学习过程,培养学生的语言运用能力。在新的模式下更强调学生的“学”,在学生自主完成所布置的听力任务后,要求学生用自己的语言进行复述,即每个听力单元要求学生完成一至两个“说”的任务以提高学生的语言能力。“以学生为中心”,紧紧围绕学生的特点和需求,考虑(根据笔者之前对本校大一学生的调研结果)到多数学生在课堂被叫到时因怕说错而产生紧张和焦虑感,将每四个学生分为一组,以便学生在小组中完成“说”的任务。笔者在课堂轮流参与各小组的活动,听学生口头复述,目的在于强调学生自己完成意义建构以加深学生对所听内容的理解。当学生的表达因其背景知识、语句组织等方面的局限而出现模糊不清时,就进行适当的引导,如给出与主题相关的词组或连接短语等,最后在学生口头复述后,作一简短的总结,并将课前准备好的文字展示给学生,让学生以内省的方式逐步习得口头表达,进一步提高语言运用能力。

2.2　研究的问题

笔者进行以学生为中心的听力教学实践旨在解决如下的问题:
(1)学生对这一新的教学模式的感受如何?
(2)新的教学模式对学生的学习自主性和听力能力方面有何影响?

2.3　受试对象

受试对象是笔者于 2004～2005 学年在东华大学所教的一个听力班,共 62 人。为了比较教学效果,还在所教的六个听力班中另选了一个由 62 人组成的班作为对照班。这两个班都是大二学生,分别来自东华大学各个不同的专业,之前都修完了东华大学开设的大学英语(二级)。根据表 1 的 t-检验结果,对照班和实验班实验前的大学英语(二级)听力测试成绩平均分数分别是 66.4032 和 66.4194,其中 P 值是 0.991,大于 0.05,因此对照班和实验班的听力成绩没有显著差异,即受试之前两个班的听力水平基本相同。

表 1　两个班实验前测 t-检验

班级	人数	平均分	标准差	P
实验班	62	66.4194	8.27904	0.991
对照班	62	66.4032	8.04793	

$P=0.991>0.05$

2.4　研究工具

2.4.1　听力测试卷

实验前笔者录制了两份听力测试卷,分别作为实验前听力测试卷和实验后听力测试卷。两份测试卷的题型和题量相同。两份测试卷都由三个部分组成,前两部分是选择题,最后部分是听写。其中第一部分是十个小对话,第二部分由一个长对话和一个长篇组成。听写采用的形式为 spot dictation。

为了控制题目的难易程度,难易结合,并确保两份测试卷难易相当,十个小对话中的五个是随机从历年的四级全真题中选出,其余五个则随机从历年的六级全真题中选出。长对话选自历年托福全真题。其中的长篇和听写都选自历年四级全真题。

2.4.2　问卷调查表

问卷调查表分为两部分。第一部分是有关学生实验前后对听力教学的感受。第二部分关于学生学习自主性的调查,主要是根据国外语言学家 Holec 的自主学习概念并结合本校学生的实际设计而成,涉及学习自主性的三个方面,即设定目标、独立行动和学习评价。这部分问卷采用莱科特五级记分制,要求受试者在一个五级刻度表上选择与自己实际情况最接近的选项。被要求受试者从五个选项中选一个(1=我非常不同意 2=我不同意 3=我没有明确答案 4= 我同意 5= 我非常同意)。

2.5　数据收集和分析

为了保证调查研究的信度和效度,数据收集工作由笔者负责,分别于实验前后向受试学生详细说明后让学生认真填写而完成。这两次没有学生缺席,因此两次收到的问卷数相同,都是 62 份。数据输入计算机后,作者运用统计软件(SPSS 12.0)对数据进行了分析。分析步骤如下:首先对学生学习自主性项目进行内部一致性检验,得出 Alpha 系数为 0.744,达到了较高的内部一致性。然后用 t-tests 检验新的教学模式对学生的学习自主性和听力能力方面的变化的情况。此外,在实验过程中作者对部分学生进行了访谈,并作了记录以作为本实验定性研究的依据。

3　研究结果与讨论

3.1　学习自主性的变化

受试者学习自主性的变化从设定目标、独立行动和学习评价三方面进行分析。

3.1.1　设定目标

表 2　"设定目标"的 t-检验

	平均分	标准差	P
受试前	2.9839	0.9998	0.000*
受试后	3.6935	0.8413	

$t=-4.185$

* significant at 0.05 level

从表 2 可以看出,问卷题 1("设定目标对语言学习的成功是重要的。")实验后的平均值是 3.6935,大于其实验前的平均值 2.9839,受试者的学习自主性在设定学习目标方面在受试前后的差异程度达到了 0.000 的显著水平,也就是说受试者在设定学习目标方面的观念有了一定的加强。尽管问卷题 1 实验前的平均值已经达到了相对高点,2.9839,但这可以从受试者都是大二学生这点得到解释。(大二学生都面临英语四级考的任务,他们已经有了短期的的学习目标。)

在访谈中,有位学生提到了在自主学习的听力课上设定目标对学习效果的重要性,"如果没有目标,那么学习就失去了方向,毫无效果。"也有好几位学生表示,在以前的听力课上,教师基本上按固定的教学模式组织课堂,学生不了解教师的教学的意图,只能依附于教师,被动接受,根本没有自己的思维空间,更谈不上自主确定学习内容、选择学习任务的机会。而在"以学习者为中心"听力课堂上,他们得到了更多的自主学习权,于是他们逐渐感觉到自己是所学课程的主人,并不断地主动去了解教师的教学目的,最终把它转化成他们自己的学习目标。

3.1.2　独立行动

表 3　"独立行动"的 t-检验

	平均分	标准差	P
受试前	2.3645	0.9981	0.000*
受试后	3.7161	0.8868	

$t = -19.749$

* significant at 0.05 level

如表 3 所示,t 检验结果为:$t = -19.749$,$P = 0.000$,即被试者学习自主性的"独立行动"方面在实验前后的差别具有高度显著性意义。"独立行动"得到加强。

问卷题 2 至问卷题 6 均测试"独立行动"方面的变化。(详见问卷题实验前后的均值表)

从问卷题实验前后的均值表看,问卷题 2 至问卷题 6 的实验后平均值都不同程度地大于其实验前的平均值,并且其差异程度都达到了 $P = 0.000$ 的显著水平。表明以学生为中心的教学对学生学习责任感的培养是富有成效的。

据笔者观察,实验初,当了解到该班将采用自主学习的模式进行时,不少学生表示出一定程度的担忧。后来经过耐心细致的解释,促使他们把自己置于学习自我负责的状态,于是他们根深蒂固的传统观念才得以改变。

在访谈中有学生表示在教学中给予学生自主学习的自由空间、信任学生的潜在能力、让学生获取各种真实的听力材料,促使了学生逐渐从被动学习转到主动学习,也使他们意识到了自主选择学习内容对听力提高的重要性。这再次证实了建构主义所提到的"学习者对其学习内容的控制有助于学习者把所学内容与其内部图式相连接"(郑毓信 1998)。

在传统的听力课上,学生被动地"听讲",依赖老师解决学习难题。而在以学生为中心的听力课上,笔者不断地鼓励学生引导学生自己解决学习难题。数据结果表明以学生为中心的听力课促进了学习者主观能动性的充分发挥,学生独立克服学习困难和完成学习任务的能力日益增强。

3.1.3 学习评价

表 4 "学习评价"的 t-检验

	平均分	标准差	P
受试前	2.2581	1.1005	0.000*
受试后	3.4355	0.8985	

$t=-6.528$

* significant at 0.05 level

从表 4 可以看出,问卷题 7("学习结果应该由老师负责。")实验后的平均值是 3.4355,大于其实验前的平均值 2.2581($t=-6.528$)受试者的学习评价观念在受试前后的差异程度达到了 0.000 的显著水平,表明有更多学生的学习评价观念实验前后发生了显著变化。

根据作者的访谈,学生普遍认为只有在自主学习的听力课上,他们能监控自己的学习。还有学生表示通过参照老师给出的与课文主题相关的提示和听力答案,他们能自我记录听力学习完成的情况并对自己的学习进行自我评价,尤其是课堂小组讨论活动给同学之间进行相互评价提供了机会。因此,多数学生已经改变了"成绩的评定应由教师决定"的想法。但仍有个别学生认为成绩的评定应由教师决定。这在以后的教学中还需要重点关注。

3.2 两次听力测试成绩的比较

表 5 两个班实验后测 t-检验

	平均分	标准差	P
实验班	73.4839	7.34789	0.003*
对照班	69.2258	8.46675	

* significant at 0.05 level

从表 5 可以看出,实验班和对照班实验后测的平均成绩分别是 73.4839 和 69.2258,$P=0.003<0.05$,表明两个班实验后的成绩存在显著差异,实验后实验班的听力能力明显比对照班强。

表 6 实验班的两次测试的 t-检验

		平均分	标准差	P
Pair 1	X1	66.4194	8.27904	0.000*
	X2	73.4839	7.34789	

* significant at 0.05 level

从表 6 可以看出,实验班的平均成绩由实验前的 66.4194 提高到实验后的 73.4839(提高 7 分),该班的成绩实验前和后存在显著差异。

表7 对照班的两次测试的 *t*-检验

		平均分	标准差	P
Pair 1	Y1	66.4032	8.04793	0.000*
	Y2	69.2258	8.46675	

* significant at 0.05 level

从表 7 可以看出,对照班的成绩由实验前的 66.4032 提高到和实验后的 69.2258(提高近 3 分),该班的成绩实验前和后也存在差异。

从上述的数据看,两组学生的听力成绩有了不同程度的提高。但相比之下,试验班学生取得了更为明显的进步。

4 结语

本文作者对以学生为中心的教学模式的理论依据——建构主义进行了探讨,在肯定以学生为中心的听力教学模式优越性的同时,指出了传统听力教学模式的弊端。通过在教师指导下,学生自主学习的听力教学试验,笔者得出以下结论:以学生为中心的听力教学不仅有效地加强了学习者的学习自主性,还提高了学习者的听力水平,同时该教学模式受到实验班学生的普遍欢迎和接受。希望本次研究能吸引更多的教师加入到这一新的教学模式实践的行列中来并不断使之得到完善。

问 卷 表

下面是对英语听力学习和听力教学的一些看法,这些看法没有对错之分。请根据自己的实际情况,按照每个数字所代表的含义,选出其中一个填写在句子后面的括号内。本次调查旨在为改进听力教学提供参考。谢谢合作和帮助!

一、

你喜欢上听力课吗?请简短发表你对听力课的感受。

二、

问卷题:

1=我非常不同意 2=我不同意 3=我没有明确答案 4= 我同意 5= 我非

常同意

1. 设定目标对语言学习的成功是重要的。　　　　　1　2　3　4　5　（　）
2. 在课堂我对我自己的学习负责。　　　　　　　　1　2　3　4　5　（　）
3. 我认为学习成功取决于我能否选择我要听的内容。　1　2　3　4　5　（　）
4. 在听力课上,我能选择去听我感兴趣的内容。　　　1　2　3　4　5　（　）
5. 我能选择去听符合我英语水平的内容。　　　　　　1　2　3　4　5　（　）
6. 当我遇到听力难题时,我想先自己解决。　　　　　1　2　3　4　5　（　）
7. 学习结果应该由老师负责。　　　　　　　　　　　1　2　3　4　5　（　）

问卷题实验前后均值表

类别	题号	问卷题	前测均值	后测均值	前测标准差	后测标准差	t值	P值
设定目标	1	设定目标对语言学习的成功是重要的	2.9839	3.6935	0.99987	0.84132	−4.185	.000*
独立行动	2	在课堂我对我自己的学习负责	2.3387	3.5806	1.03929	1.01704	−7.173	.000*
	3	我认为学习成功取决于我能否选择我要听的内容	2.2903	3.8226	0.81758	0.87823	−14.298	.000*
	4	在听力课上,我能选择去听我感兴趣的内容	2.4677	3.9355	1.00356	1.64961	−9.882	.000*
	5	我能选择去听符合我英语水平的内容	2.3548	3.6129	1.07271	0.89360	−8.254	.000*
	6	当我遇到听力难题时,我想先自己解决	2.3710	3.6290	1.05944	0.92743	−7.187	.000*
学习评价	7	学习结果应该由老师负责	2.2581	3.4355	1.10045	0.89847	−6.528	.000*

* significant at 0.05 level

原载《东华大学学报(社会科学版)》2008 年第 3 期

大学英语教学资源的可获取性

李　盛

摘要:随着大学英语教学改革的深入,特别是教育部《大学英语课堂教学要求(试行)》的颁布,有限的课时和有限的可供学生选择的英语资源等问题日益突出,通过目前各高校外语教师和出版社、多媒体公司和设备提供商等各方的不懈努力,英语教学资源,特别是音视频资源在数量上有了很大的改观,各高校都形成了一定的教学资源储备,但是也暴露出来了一系列问题。问题之一就是大学英语教学过程中广大师生,特别是学生,使用英语教学资源的获取方式和途径单一的问题,这在很大程度上影响了英语教学资源的利用率和实际效果。本文将探讨现阶段如何有效地解决英语教学资源的可获取性(accessibility)问题。
关键词:大学英语教学　数字语言实验室　可获取性

0　引言

现阶段高校大学英语教学仍然以课堂教师讲授为主,受限于有限的课时,学生往往不能充分消化所学课程内容;同时由于教师只能在有限的时间里面有选择地呈现信息,而学生课后受到客观教学条件的限制,缺乏足够英语学习资源而无法进行有效的自主学习。英语教学作为外语教学,本身需要学习者有足够的英语语言环境(authentic situation)和相应的英语语言信息接触量(English exposure),这两个因素的缺乏很大程度上制约了我国学生整体英语水平的提升。解决问题的关键在于如何使学生能够尽可能多地、方便地获取和利用英语教学资源,也就是解决好英语教学资源的可获取性。可获取性首先是对于学习者来说的,学习者在建构自己的学习习惯和知识体系时,需要依靠大量的资料,解决了资料的丰富性只是完成了第一步,只是解决了有无的问题,如何保证学习者方便快捷地获取所需的学习资料,即资料的可获取性,是更为重要的(李盛 2005)。这也是现阶段大学英语教学面临的主要问题之一。

1　高校英语教学资源的获取途径

1.1　校园英语广播

现阶段的校园英语广播大多属于小范围无线英语广播,在有效范围内,学生利用专用的调频收音机就可以收听到清晰的英语广播内容。但是受到无线电相关法律的限制,发射机功率小,只能覆盖很小的范围。以我校为例,只能覆盖教学区,无法实现对整个校区的广播覆盖。播放内容仅限于音频,而且学生只能被动收听,不能根据自己的兴趣和具体水平选择内容。

1.2　数字语言实验室资料库

随着各高校近年普遍引进数字语言实验室,普遍具备多媒体音视频的点播功能,从而具备了构建基于数字语言实验室的外语资源库的客观物质条件。目前主流厂家的多媒体语言实验室均支持主流的音、视频格式的点播,例如,MP3,WAV,WMV,MPEG2,MPEG4 等音、视频格式,极大地方便了对外语资源的收集和实际教学应用。学生可以方便地利用点播系统有选择地、或者在教师指导下调用外语资源进行自主学习,实践证明收到了很好的效果。例如,我校使用的北京东方正龙公司 NewClass DL700E 型数字语言实验室(北京东方正龙数字技术有限公司[东方正龙],2004),在课堂教学中,笔者利用语言实验室多频道广播功能,事先定制好多个频道的课程内容,广播给学生,在规定时间内,学生可以在这个范围内自由选择收听收看的顺序和次数,而且可以调整语速到合适自己的程度,然后再由教师主讲。这就切实照顾到了学生作为学习主体由于英语水平上的差异造成需求差异,从而使学生可以真正地根据自己的学习习惯来构架自己的学习方法和知识体系。因此,在实际教学中,这种教法受到了学生的普遍欢迎。

04 年我校利用语言实验室的视频点播功能,引进教材,开设了空中英语自主学习课程,考试采用上机考试的方式。到目前为止已经完成了对 04 级全体 3000余名学生为期两年的教学和测试,测试结果显示学生的英语口语、听力水平整体上有了明显的进步。但是基于数字语言实验室的英语资料库,受限于其硬件设备和学校课程安排,只能在实验室范围内、与课程安排不冲突的条件下,开放供学生自主学习,因此并不能很好得满足学生的实际需求。

1.3　在线英语平台

近几年国内一些院校逐渐开始重视校园网英语资源平台的建设,主要通过引进国内外相关厂家的在线英语平台在校园网上设立英语资源平台,提供各种在线文本、音、视频点播,因为利用单独的网络服务器管理,可以实现无人值守,为广大师生,特别是学生,提供 24 小时不间断在线服务。

1.4　互联网资源

互联网作为信息时代的主要媒介和信息载体,以其海量的信息为外语教学提供了大量的、丰富的、易于获取的教学资源,而且随着个人电脑的普及,以及一些专门的外语教学网站和论坛的出现,这一作用将进一步显现。

1.5　教师个人主页

教师个人主页可以为学生提供及时的、伴随所学课程进度的资讯,并且通过个人主页教师和学生之间可以很方便地彼此沟通,从而使教师得以全程参与学生的学习过程,通过留言板、MSN、腾讯 QQ 等即时通讯方式提供指导。这些方式也符合目前 80 年代出生的学生的喜好,拉近了师生之间的距离,很好地促进了教与学双方的理解和沟通。

为了探索和验证基于语言实验室的英语资源平台的有效获取和利用,笔者在自己所教授的课程中进行了上述途径和相应教法的尝试,经过一年多的实践检验,学生反映良好。笔者对授课班级进行了问卷调查。

2　新教学模式问卷的启示

根据笔者对试点班级问卷调查的统计,在对第一个问题的回答中,50％以上的学生认为视频资源对其英语学习最有帮助,把音频或者文本作为首选的学生分别占 26％和 22％。数据表明今后英语资源平台应当强化视频点播功能。

对第二个问题的回答,39％的学生认为语言实验室资料库对他们的学习最有帮助,其他各选项作为首选的比例分别是校园广播 6％、在线英语平台 17％、互联网资源 31％、教师个人主页 5％。近四成学生认为语言实验室资料库对他们的学习最有帮助,说明了今后校园网英语资源平台的核心应当是数字语言实验室,在此基础上整合互联网资源和在线英语平台的有效资源。

对第三个问题的回答中 77％的学生认为学生自主学习和教师讲授相结合的教学方式对他们的英语学习最有帮助,学生自主学习和教师讲授各占到 11％。大多数学生认可学生自主学习和教师讲授相结合的教学方式,为我们今后的课堂教学改革进一步明确了方向,表明受控条件下的自主学习将是未来教学的主流样式。同时这也符合教育部《大学英语课堂教学要求(试行)》的相关规定:各高等学校应充分利用多媒体和网络技术,采用新的教学模式改进原来的以教师讲授为主的单一课堂教学模式。新的教学模式应以现代信息技术,特别是网络技术为支撑,使英语教学不受时间和地点的限制,朝着个性化学习、自主式学习方向发展(教育部高等教育司 2004)。

对第四个问题的回答,35％的学生认为影视赏析类课程对英语学习最有帮助,其他各选项分别占到了阅读类 28％、听力类 19％、口语类 11％、英美文化类 5％。35％的学生将影视赏析类课程列为首选,说明了两个方面的问题。一方面,对今后教学课型的设置和教学资源分配提出了新的要求,即相当一部分学生的英语水平较高,可以达到较高层次的英语课型要求。另一方面,这也表明影视赏析是当今学生学习的主要兴趣点之一,在具体教学安排中如何利用好学生的兴趣来促进英语学习,是今后一个值得在教学实践中探讨的问题。

对第五个问题的回答中,多数学生认为缺乏足够的时间和资料来提高英语。由于有限的课时,目前大多数高校的英语教学安排,不足以满足学生的实际需求;同时,同学们在问卷中也确实反映了不能方便地利用现有资源来学习。比如,实验室开放时间太短,公网 IP 无法访问在线英语平台等。

对第六个问题的回答中,相当多的学生建议增加英语课时和可以更方便地使用英语资源等。针对第五个问题学生要求增加课时,由于课时的设置有严格的规定,所以增加课时难度很大。出路在于大幅度增加开放时间,这样学生课余可以利用现有资源的进行自主学习。这就需要综合现有各种资源,在可获取性方面做文章,即努力改善现有资源利用的便利程度。

3　基于数字语言实验室为核心的英语教学资源

以上的教学实践验证了的现有各种英语资源的使用效果,但是也暴露了实际使用过程中上述各种资源都不同程度的存在制约使用效率的瓶颈,针对现有英语教学资源获取和利用中存在的问题,结合笔者的实际教学经验,笔者认为问题的出路就在于建设基于数字语言实验室为核心的英语教学资源的校园网络平台,通过这个平台来实现多种英语教学资源的整合和合理有效配置,实现全方位、多层面的外语资源覆盖,从而为学生营造一个切实高效的英语学习环境。

今后的基于数字语言实验室为核心的英语教学资源的校园网络平台基本格局和各节点相互关系大致如下图所示:

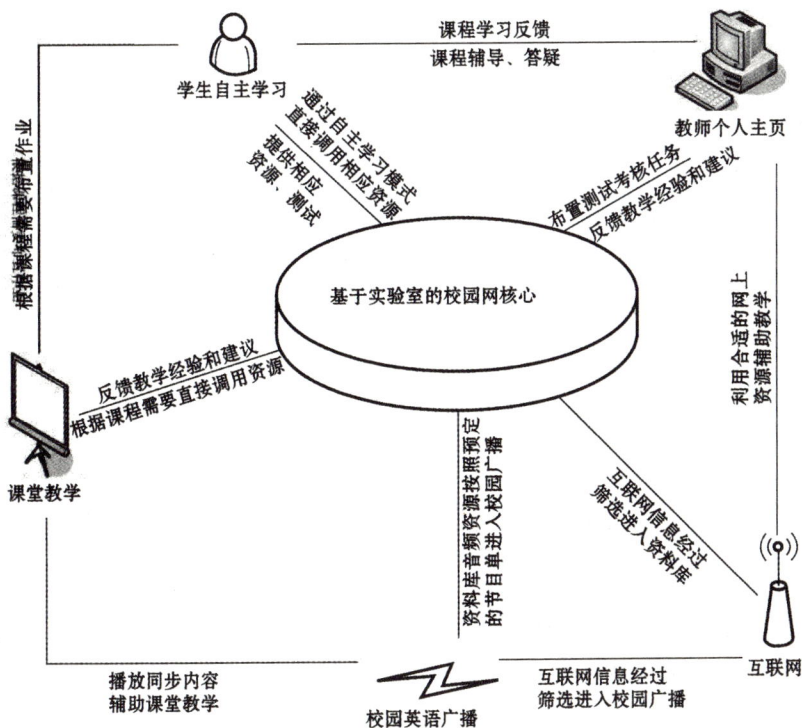

说明：

[1] 数字语言实验室资料库和校园网资源平台二者可以既相互独立，也可以合而为一；从资源
合理调配合一形式效费比较高，因而本图谨以合一形式为例。

[2] 基于语言实验室的校园网中各个组成部分，分别以不同形式与基于语言实验室的英语核心
资源库连接，从而实现相应的功能。

[3] 各节点所发挥作用的说明一律在其动作方向的左侧。

3.1　校园英语广播

鉴于目前校园英语广播的不足，今后应当在保留校园英语广播原有功能基础
上，对现有设备进行改造、升级。如图所示，作为基于数字语言实验室的校园英语
资源平台的一个节点，校园英语广播与平台联动，可以直接选用资源平台的音频内
容进行广播，也可以对互联网音频资料经过筛选、整理后播出，并且可以根据从其
他节点收集的反馈信息及时调整播出内容。

3.2　学生自主学习

教育部《大学英语课堂教学要求（试行）》规定：无论是主要基于计算机的课程，
还是主要基于课堂教学的课程，其设置都要充分体现个性化，考虑不同起点的学

生,既要照顾起点较低的学生,又要给基础较好的学生有发展的空间;既能使学生打下扎实的语言基础,又能培养他们较强的实际应用能力尤其是听说能力……(教育部高教司 2004)。

数字语言实验室的英语资料库,具有功能强大的文本、音频和视频点播功能,在实验室范围内可以满足不同层次不同喜好的学生的自主学习需求。但是受限于其硬件设备和学校课程安排,只能在实验室范围内、与课程安排不冲突的条件下,开放供学生自主学习,因此并不能很好得满足学生的实际需求。

要建设基于实验室的英语资源平台首先要对教师电脑进行升级,使教师机能够胜任日常的课堂教学需求和大量的来自校园网的访问需求;同时要完善现有资源库的检索功能,以满足今后大量的入库资源的分类和在线检索需求。作为基于实验室的校园网英语资源平台的核心,今后的实验室必须具有强大的点播支持和完善的检索服务以及更为便捷的在线考试功能。

3.3　在线英语平台

通过购买引进的在线英语平台,一定程度上弥补了语言实验室因时间和硬件方面的限制而无法满足的学生需求的缺憾,但是在使用过程中,其效率的发挥也受到诸如目前校园网的网络条件以及学生中个人电脑的保有量等因素的制约。受到家庭经济条件的影响,相当多的学生没有个人电脑;另外,由于担心学生利用电脑不务正业而耽误学习,一些学校规定一年级学生不得在宿舍使用个人电脑;以上因素造成在校学生电脑保有量仅占 20％左右;还有一些大学宿舍目前没有提供校园网接入服务,学生上网只能使用拨号或者住宅宽带业务,由于 IP 地址的限制而无法访问校园网资源。

同时,在线英语平台由于各种原因不能与语言实验室资源库共享资源,造成了资源浪费。由于在线英语平台主要任务支持大容量在线点播,通过硬件升级后的语言实验室完全可以完成,所以今后的校园网英语资源平台以数字语言实验室为核心的,包含校园英语广播、课堂教学、学生自主学习、教师个人主页和互联网等几个重要节点在内的,双向互动的多功能英语教学平台。

3.4　互联网资源

互联网海量的信息为外语教学提供了大量的、丰富的、易于获取的教学资源,而且随着个人电脑的普及,以及一些专门的外语教学网站和论坛的出现,这一作用将进一步显现。例如,http://www.putclub.com/ 。但是另一方面,互联网在提供有益信息的同时,也包含着许多不良,甚至是有害的信息。因此,要设置专门人员负责采集、审核和编辑工作,经筛选的资源才可以进入基于实验室英语资源平台。

3.5　教师个人主页

教师个人主页为师生之间及时、有效地沟通提供了很好的方法,从而使教师得以全程参与学生的学习过程,通过留言板、MSN、腾讯 QQ 等即时通讯方式提供指导。这些方式既充分利用互联网提供的便利,也迎合了新一代学生的实际沟通习惯。教师个人主页在基于语言实验室的英语资源平台中发挥着重要的沟通作用,担负有在线辅导、答疑,组织测试和及时反馈学生学习过程中的问题和建议等重要功能。

笔者通过自己设立的个人主页发布课程消息,提供课程材料,辅导、答疑,取得了不错的效果,受到了学生的欢迎。

4　有待解决的问题

通过构建基于语言实验室的英语资源平台来实现多种英语教学资源的整合和合理有效配置,为学习过程的主体——学生提供较为便捷的英语学习资源获取方式,实现多品种、多时段、全方位的外语信息覆盖,从而营造一个良好的英语学习氛围,学生可以拥有足够的英语信息接触(English exposure),可以很好地解决长期以来困扰英语教学的缺乏足量英语信息和学习环境的问题,做到了英语随身而行。但是在实践中还可能涉及版权问题、资源可控性和校园网络管理规定等相关问题。

4.1　版权问题

要构建英语资源平台,版权问题是一个敏感而且无法回避的问题。对于不同的内容建议采用不同的策略应对。对于低值的可以购买其版权;而对于高值内容,由于资源平台本身属于免费提供资源服务,本身无法筹集大量资金用于购买版权,所以目前可行的出路是根据具体情况在合法的前提下,采取适当的办法规避可能的版权争议:

4.1.1　利用免费版本

一些知名公司的软件有免费版本提供,但是会有一定功能限制,有的公司对教育机构提供完全免费全功能版本。因此可以充分利用这样的免费资源。

4.1.2　争取版权方免费授权

学校作为教育机构,出于教育而非营利的目的,可以向版权拥有者争取免费授权。一些版权拥有者出于学术、教育或者开拓市场等目的,可能考虑对教育机构免费授权。这方面已经有很多成功的例子。

4.1.3　合理规避版权

(1) 提供在线链接。根据我国《著作权法》的规定,版权人的发行权是指为满足公众合理需求而向公众提供一定数量的作品复制件的权利。如果提供链接者并没有复制被链接材料,没有制作被链接材料的复制件,当然就更没有向公众提供被链接材料的复制件。同时,虽然被链接材料确实是通过网络向公众传播,公众也因此获得了被链接材料,但是传播被链接材料的并不是设链者,而是被链材料所在网站的拥有者。因此,设置链接并不会侵犯被链材料版权人的网络传播权(赵桂莲、李俊红 2004)。所以可以提供其他网页链接而不提供本地复制或下载来规避版权争议。

(2) 关于"合理使用"的规定。我国《著作权法》规定:"为个人学习、研究或者欣赏,使用他人已经发表的作品以及为学校课堂教学或者科学研究,翻译或者少量复制已经发表的作品,供教学或者科研人员使用(但不得出版)",可以不经著作权人许可,不向其支付报酬,属于合理使用的范围(张平 1999)。因此,构建校园英语资源平台可以尽量利用《著作权法》关于"合理使用"的规定,从而节约大量成本。另外,书籍等平面出版物选段不超出规定字数或版面或争取授权。涉及软件方面,可以使用免费版本或组织人员自行开发;音频、视频方面可以谈判争取低价购买版权。

4.2　资源可控性

基于数字语言实验室的校园英语平台为学生自主学习提供了便利条件,但是鉴于目前我国大学生普遍缺乏自主学习意识,有必要借助网络控制软件、平台控制模块、硬件控制和人为监督相结合的形式对学生的自主学习过程进行有效的监控。只有这样,才能保证自主学习的有效性和资源平台的合理使用。

4.3　校园网络环境和规定

如前面所述,目前大多数高校的校园网络存在基于 IP 地址的网络限制,这样的限制客观地阻碍了校园英语资源平台各节点之间的信息流通,不利于整个平台资源的有效利用。这一问题的解决涉及学校网络管理、大学英语、设备等各部门之间以及电信业务部门之间的协调问题,需要校方组织协调才能解决。

4.4　学生的自主学习意识

自主学习效用的充分发挥除了要求网络条件以及相应软件等合格的硬件配置外,还要求作为自主学习的主体——学生以及教师的自主学习意识。目前我国很多学生依然存在对教师的依赖性,缺乏自主学习能力(赵燕霞、郝玫 2006)。具体表现为①没有清晰的具体的学习计划或目标;②面对大量的多媒体材料,不能够有效地选择;③缺乏自控能力,往往自主学习最后变成了视听欣赏。这客观地需要教师发挥重要的指导作用,转变教学思路和模式,从教学方面对学生加以引导,增强师生互动方式。

附录:

调查问卷

1. 你认为哪种英语资料形式对你比较有帮助? 请按先后次序排列_____。

  A 文本　　B 音频　　C 视频　　D 其他(请说明)_____

2. 你认为哪种方式对你的英语学习比较有帮助? 请按先后次序排列_____。

  A 校园广播

  B 数字语言实验室资料库

  C 在线英语平台

  D 互联网资源

  E 教师个人主页

  F 其他(请说明)_____

3. 你认为哪种课堂教学方式对你的英语学习比较有帮助? 请按先后次序排列

  _____。

  A 教师集中讲授为主

  B 学生自主学习为主

  C 学生按规定内容自主学习,然后由教师集中讲授

  D 其他(请说明)_____

4. 你认为哪些外语课型对你的英语学习比较有帮助,请按先后次序排列

  _____。

  A 阅读类　　B 听力类　　C 口语类　　D 影视赏析类　　E 英美文化类

  F 其他(请说明)_____

5. 你目前英语学习中存在的主要问题是什么?

6. 你对英语教学有哪些建议,请写在下面。

原载《外语教学与研究》2007 年 4 月

变革中的校园英语广播
——浅谈大学校园英语广播的有效配置

李　盛

摘要:伴随着大学英语教学的多媒体化和网络化,英语教学由以教师、课堂为中心转向以学生为中心,这一转变需要与之相适应的大学英语教学资源的配置模式。本文意在探讨处于这一变革中的大学校园英语广播的有效配置。

关键词:大学英语教学　校园英语广播　有效配置

1 高校英语发射台的现状与校园英语广播的意义

1.1 高校英语发射台的现状

目前各高校现有英语发射台多采用无线发射机,利用业余频段 FM 调频发射。发射设备采用磁带机加无线发射机;接收设备为校园调频收音机,可以接收无线电管理委员会规定的频率,我校为 FM72.7MHz。受相关法律制约,同时为了避免对临近学校产生干扰,发射机功率一般限制在 3 瓦以下,客观上造成了覆盖范围小,信号易受干扰等缺点,因此高校一般用作平时外语测试或期末外语考试。

伴随着大学英语教学改革的深入,英语教学呈现多媒体化和网络化趋势,英语教学模式由以教师、课堂为中心转向以学生为中心,这一转变需要与之相适应的大学英语教学资源的配置模式。传统的磁带机加无线发射机模式由于自身的局限性而显然无法满足教学要求。首先,单一资料来源无法及时吸纳和采用当今以音频文件和光盘为介质的英语教学资源;其次,有限的覆盖范围无法满足全校覆盖的要求,成为制约其发展的瓶颈。再次,无法实现灵活、随机播放资料。英语教学改革的发展客观上要求能够与之相适应的校园英语广播模式,在课堂之外为学生的英语学习提供条件,营造氛围。

1.2 校园英语广播的意义

教育部高等教育司 2004 年 1 月颁布的《大学英语课程教学要求(试行)》规定各高等学校"应大量使用先进的信息技术,推进基于计算机和网络的英语教学,为学生提供良好的语言学习环境与条件",并进一步明确指出,"各高等学校应充分利用多媒体和网络技术,采用新的教学模式改进原来的以教师讲授为主的单一课堂教学模式。新的教学模式应以现代信息技术,特别是网络技术为支撑,使英语教学不受时间和地点的限制,朝着个性化学习、自主式学习方向发展。"(教育部高教司 2004)而发展中的校园英语广播正可以突破时空限制,提供大范围、多时段的英语资源覆盖,顺应英语教学改革的潮流。

1.2.1　校园英语广播是英语课堂教学的扩展和延伸

课堂英语教学因为学时有限,不可能给学生提供充足的时间来接触英语学习资源,同时,教师个人在有限的时间内也不可能提供多种多样的内容给学生。校园英语广播作为英语课堂教学的扩展和延伸(何师胜 2001),可以弥补英语课堂教学的这些不足,从而为学生课外英语学习提供了可能,使得英语学习得以连续地进行。

1.2.2　校园英语广播创造了方便、灵活的英语学习环境

学生课外的英语学习,大多分为书本学习、利用磁带录音机或 MP3 播放器等形式,这些都是自发的,存在资料拥有量不多,资料获取难度大的问题。校园英语广播因其较大的覆盖范围、多种多样的材料,方便简洁的收听方式为学生创造了方便、灵活的英语学习环境。学生们可以在随意、轻松的环境里学习英语,从而提高他们的学习热情和兴趣。

2　发射台的改造与校园英语广播的有效配置

2.1　发射台的改造

2.1.1　磁带机加电脑加无线发射机

磁带机加电脑加无线发射机可操作性强,不需要大笔经费,性价比高。为目前大多数高校采用。优点:拓宽了播放资料来源,适应了目前英语教学资源的发展趋势和主要介质形式;支持随机顺序播放、单个文件或选定的文件的循环播放。不足:没有解决原有的 FM 调频发射的覆盖范围小、信号易受干扰等问题。

2.1.2　磁带机加电脑加无线发射机加校园有线广播台

现在我国高校都有不同规模的校园有线广播台,一般可以覆盖全校范围,通过校园网将有线广播台主控电脑与英语广播发射台主控电脑联网,就可以在规定的时段通过校园有线广播台来传送校园英语广播内容,也可以实现双方资源共享,互为备份。同时,条件允许的话,可以将双方共享资源网络化后提供在线点播。该方

案的优点:双重覆盖,互为补充;充分利用现有资源、设备,适当升级、添加必要设备,投入不多,性价比明显。可操作性强;网络化的资源在线点播,可以整合到各校现有或在建的校园英语综合学习平台中,作为系统的一个节点,综合效益非常突出。不足:要求校园有线广播台播放终端具有很高的音质和合理的布局;暂不支持视频,与校园网联网实现在线点播可以解决。

2.1.3　专业级别有线广播发射台

配备有线发射和接受设备、卫星接收设备,通过有线线路传送至用户终端,同时可以传送多路音视频信号。目前这一类型的代表是上海外国语大学引进的SINFANG 6000 多通道智能化广播电台播控系统。系统搭载教学楼有线电视网传输教学同频广播信号,通过教学楼内小功率发射机,以多天线覆盖方式将调频信号传输到各教学楼内。学生可以用定制的收音机收听外语广播节目。另外,该系统的亮点还有先进的播控系统,配有播控软件的播控计算机、智能控制器,可以控制调频发射机、天线、录音卡座、话筒和前置放大器等进行播放;同时,系统还配有录制编辑计算机,通过录制编辑软件和录音卡座、话筒和前置放大器等录制编辑节目(余建明 2005)。优点:不但可以传送高质量的音频,而且可以利用有线电视网提供实时的视频内容;具有完善的采、编、播功能。不足:投资大,仍有个别技术问题有待解决,目前仍然处于探索阶段。

2.1.4　改造方案的选择

表1　校园英语广播改造方案对比

	配置方案	优　点	不　足
方案1	磁带机、发射播控电脑、无线发射机	增加了对音频文件的支持;支持无序、单文件循环播放等;改造所需成本低,技术成熟。	没有解决原有的 FM 调频发射的覆盖范围小、信号易受干扰等问题。
方案2	磁带机、发射播控电脑、无线发射机、校园有线广播台	双重覆盖,互为补充;充分利用现有资源、设备,适当升级、添加必要设备,投入不多,性价比明显。	要求校园有线广播台播放终端具有很高的音质和合理的布局;暂不支持视频,与校园网联网实现在线点播可以解决。
方案3	专业级别有线广播发射台	不但可以传送高质量的音频,而且可以利用有线电视网提供实时的视频内容;具有完善的采、编、播功能。	投资大,成本偏高,仍有个别技术问题有待解决,目前仍然处于探索阶段。

从表1可以看出,方案1所需成本最低,技术成熟,无风险,配置好播控电脑可以立即投入使用,但是没有解决原有的 FM 调频发射的覆盖范围小,信号易受干扰

等问题。只能作为低成本方案考虑；方案2在方案1基础上增加了校园有线广播台，在不增加成本和技术风险的前提下，解决了原有的FM调频发射的覆盖范围小、信号易受干扰等问题，因而具有极佳的效费比；方案3不但可以传送高质量的音频，而且可以利用有线电视网提供实时的视频内容；具有完善的采、编、播功能。但是投资大，成本偏高，仍有个别技术问题有待解决，存在一定的技术风险，大规模的投入不是一般高校可以考虑的，目前不具有合理的性价比。可以作为高成本备选方案。综上所述，方案2基本可以满足目前和今后几年的教学需求，而且具有极佳的性价比，因而比较适合大多数高校选用。

2.2　校园英语广播的有效配置

改造了现有校园英语广播的设备配置，还需要对现有英语资源进行适当的整合和配置，这样才能充分发挥校园英语广播应有的作用。

2.2.1　现有资源的分类和整合

各高校都有一定的英语教学资源储备，现有英语教学资源主要包括课程配套音频、视频资料；四、六级考试资料；辅助教学类，如探索频道、国家地理频道、新闻英语等，其中音频资料主要是以磁带和教学光盘形式存在。多数资料比较零散、没有系统地分类，为了充分发挥现有资源的优势，提高使用效率和效益，需要把现有资源整合起来并加以系统分类，如按照难易程度、内容相关性等，并建立高效的在线检索和查询系统。

2.2.2　依托校园英语学习平台

随着英语教学的多媒体化和网络化的发展，各高校纷纷着手建立基于校园网的校园英语学习平台，这类平台可以提供完善的文本、音频、视频在线点播功能，而校园英语广播可以作为平台的一个节点，与系统的其他节点一起共同完成提供完善的英语学习服务的功能。

3　校园英语广播的未来趋势

展望今后若干年的校园英语广播的发展趋势：在系统组成设备方面，应当进一步强化采、编、播一体化功能，提高系统中部件的兼容性和稳定性，并随着技术和市场成熟度的提高，适当降低成本；在资源采集方面，应当充分依托互联网，发挥互联网海量信息的作用，做到信息及时、内容适当和种类多样。

原载《信息技术与外语教育》2009年第7期

第五部分　网络英语学习的功效与元认知水平

　　元认知是由美国心理学家 Flavell 提出的,他认为元认知是"认知主体为完成某具体任务或目标,依据认知对象对认知过程进行的主动监测以及调节和协调。"后来的一些研究者又从不同的角度对元认知进行了探究,如 Biggs、McCrindle 和 Christensen,他们都认为元认知应包括认知者个人对自我认知过程的意识以及积极调整和监控的能力。元认知理论的核心是元认知能力。一般认为,元认知能力包括元认知知识、元认知体验和元认知监控三个部分。网络英语教学是一种多模态的学习方式,信息会以多种表征形式储存于学生的知识和经验体系中,从而使得获取知识的渠道变得多元化,学生从被动的知识接受者转向主动的探索者,让学习本身转向个性化和自主式。网络多媒体技术能为学生提供大量真实的学习资料,但也要求学生具有较强的自我认识能力和自我管理能力,即知道是什么、学什么和怎样学等,从而使自己成为高效率的学习者。元认知能力是高效率学习者应具备的能力,是自主学习能力形成的重要方面。因此,学习的目的不仅仅是获取知识,更重要的是让学生体验学习方法和判断和评价学习结果,真正成为元认知能力强的自主学习者。

　　本部分阐述了如何建立网络自主学习的元认知活动环境,也探讨了如何优化学生的元认知知识、内化学生的元认知体验和强化学生的自控与反思能力。同时也介绍了多模态阅读教学实践中学习功效。

论网络自主学习的功效与学习者元认知的发展

戴培兴　高蕴华　阮　瑾　吴　蕾

摘要:网络技术的不断完善使网络学习的研究重点逐步从网络自主学习的认知活动环境转向网络自主学习的元认知活动环境。因为元认知是认知的认知,具有最广泛的迁移性。本文系统地介绍了元认知的基本概念,结合大学英语网络自主学习的模式,详细阐述了如何建立网络自主学习的元认知活动环境,同时探讨了如何优化学生的元认知知识、内化学生的元认知体验和强化学生的自控与反思能力,并指出了在人—机交互的认知环境中,学生的元认知知识水平和元认知活动能力的提高才是网络自主学习的真正功效。

关键词:网络　自主学习　功效　元认知　大学英语

0　引言

近几年来,大学英语网络自主学习在中国的高等院校有了规模性的发展。但是,网络自主学习究竟在多大程度上能提高学生的学习功效,这是一个困扰教育界多年的认识问题。一般来说,人们对网络学习的研究首先从三个层面进行:技术层面、符号层面和感知层面。但是,这三个层面所反映的仅仅是网络学习的认知环境和网络学习的潜在优势,并不是网络自主学习的元认知活动环境,也不是网络自主学习的实际功效。

1　元认知的基本概念

元认知最初被表述为个人关于自己的认知过程及结果或其他相关事情的知识,Flavell (1979) 认为:"元认知是一个人所具有的关于自己思维活动和学习活动的认知和监控"。Baker 与 Brown (1984) 将元认知解释为"个人对认知领域的知识和控制"。Weinert 将元认知描述为"第二层次的认知:对思维的思维,关于知识的知识,对活动的反省" (1987)。根据 Flavell 的理论,元认知可细分为三个基本要素:元认知知识、元认知体验和元认知监控。

1.1　元认知知识

元认知(Meta-cognitive Knowledge)是关于认知的知识,包括人类思维过程的知识,它有三个相互起作用的因素:对人的因素的认知(Person Knowledge),对任务和目标的认知(Task Knowledge)和对策略因素的认知(Strategy Knowledge)。

1.2　元认知体验

元认知体验(Meta-cognitive Experience)是伴随着学习者个体的认知活动而产生的有意识的认知体验或情感体验,这是一种自觉体验,如"知的感觉"和"不知的感觉"以及积极和消极的元认知体验。

1.3　元认知监控

元认知监控(Meta-cognitive Monitoring)是认知的主体在进行认知活动的全过程中,将自己正在进行的认知活动作为意识对象,不断地加以积极和自觉的监视、控制与调节。在解决问题前先确定是否认识了问题,找到答案后,再审视答案是否合理。

元认知既是静态的认识(元认知知识),又是动态的认识(自我调控)。元认知以认知过程和结果为对象,以对认知活动的调节和监控为外在表现(汪玲、郭德俊2000)。然而,元认知知识和元认知活动是以认知活动的环境为背景的。

2　网络自主学习的认知环境与模式

网络自主学习是"以学生为中心"的自我选择、自我规划、自我监控的学习模式,与传统的"以教师为中心"的教学模式相比,可以视作为具有革命性意义的学习模式。然而,这种学习模式是建立在高级复杂的人—机交互的过程之中的。

2.1　网络学习的认知环境

网络学习的交互性发生在外部表征(External Representation)和内部表征(Internal Representation)之间。外部表征由高级的教育技术提供,内部(心理)表征由学习者来建构。因此,网络的学习系统必须具备完善的载体特征、符号特征和感知特征,因为这是网络自主学习的基本的认知环境。

2.2　网络自主学习的模式

网络技术的交互性决定了网络学习的自主性,而不同的自主性则由不同的学

习模式来体现,综观大学英语网络学习的实施状况,其模式大致可归纳为如下四种:

(1) 远程类网络课程(On-line Learning),所有的教学指令、学习活动、教学记录和测评等都通过网络进行(共时或历时的交流),这是典型的网络学院的自主学习模式。适合于异地成人继续教学,使学习者兼顾学习和工作。

(2) 定时定点类网络课程(Laboratory-based Network Learning),某一门英语课程(如视、听、说)的所有的教学活动和教学测评都在规定时间和指定地点(联网的语言实验室)进行。一名教师可同时管几个自主学习的课堂。

(3) 混合类网络课程(Blended Learning),面授的课时和网络自主学习的课时各占百分之五十左右。教师选择疑、难、要点面授和讨论等,一般的读写练习和问答练习由学生在线自主完成,这迎合了高等教育的特点。

(4) 辅助类网络课程(On-line Learning as Supplement),传统的计划内的课堂学时和教学内容不变,但面授的内容和课堂中的高难度练习在网络课件中重复出现,同时还补充与教学内容相关的立体的背景资料、时事新闻和社会知识等。使学生在课后能在线复习或补习,做到拾遗补缺。

网络学习模式的多样性是由网络学习者需求的多样性所决定的。然而,学习模式的多样性并不能必然促进自主学习功效的迅速提高,相反,它对学习者的元认知能力提出了前所未有的严峻挑战。

3　建立网络自主学习的元认知发展环境

网络学习的模式就是网络学习的认知环境,网络学习的元认知环境就应建立在不同的学习模式之中。元认知环境可以激励学生对思维的觉知。对知识获取的觉知度越高,学习者相应的收获就会越多。但是,学生对知识获取的觉知能力有高有低,需要教师的特别关注和精心的培养。在线学习时,面对前所未有的自主权和十分宽泛的选择权,习惯"以教师为中心"学习模式的中国学生无法迅速地适应这种变化和迅速地增强他们的自我调控能力,反而会被浩瀚的网络信息所迷惑。因此,他们需要及时得到元认知方面的指导与训练。

3.1　优化学习者的元认知知识

元认知是认知的认知,是更高级的认知。参加网络自主学习的每个学生(以定点定时类网络课程的学生为例)可以从以下三个方面优化对自我的认识。

3.1.1　建立关于自我个体的知识

每个学生必须在选课前参与网络课程的综合水平测试或学校的分级考试(1~

2 小时)。随后,对照教育部颁布的《大学英语课程教学要求》,找出各自在英语学习方面的长处与短处,弄清每个人的知识水平和语言能力与课程教学要求之间的差距。

3.1.2　领会关于认知任务的知识

通过学习和领会公布在网络课程中的《大学英语课程教学要求》,学生必须清楚地了解大学英语这门课程的构成和性质,从而进行自我规划。"大学英语"课程既不是"上岗证书"类的短训班,也不是某个"语言技能"类的速成班,而是大学学历教育的一部分,它涉及语言技能的发展、语言知识的拓展、语言策略和英汉文化修养的综合提高。教师可在学期内的前 1~2 周,借助 BBS 栏目以讨论形式来提高学生关于元认知任务的知识水平。

3.1.3　丰富关于认知策略的知识

根据分级考试(入学教育周内举行)的成绩,学生既了解到自己的英语水平和能力,也发现了自己的不足。因此,他们需要反思入学前的学习策略;思考哪些策略是有用的、在何种情况下有用、如何坚持这些策略。教师要鼓励学生之间在 BBS 栏目进行交流(前 3~4 周内),并勉励他们在自主学习的实践中再次验证这些策略的价值或调整与完善这些策略。

以上这些活动可以使学生初步形成对"大学英语"这门学科的元认知知识。但是,这种知识仍需在今后的学习中不断地加以丰富和优化。

3.2　内化学习者的元认知体验

学习语言就是体验语言。但是,元认知体验不同于认知体验,它是伴随着认知活动而产生的一种自觉的情感体验;元认知体验的时间有长有短,内容有繁有简;可以产生于学习之前,也可产生于学习之中和之后。因此,在网络自主学习的过程中,教师要分阶段地启发或帮助学生产生元认知体验。

3.2.1　初期培养

网络学习的初期(第 1~2 周)是选择网络课程(1~4 级)和熟悉网络操作技能的阶段。级别的选择安排在分级考试以后,学生应该根据其成绩和以往各自的学习经验和各级网络课程的学习任务来选择网络课程级别。如果选级过高,难度过大,网络学习时学生可能会产生紧张或担忧的情绪,形成失败的情感体验。如果选级过低,难度系数近于零时,他们也会产生松弛或松懈的情绪,不利于学业进步。为了避免开局的失误,教师一般采用参照分级考试的成绩来帮助学生选择级别,建议和要求学生根据不同的分数段,选择不同级别的自主学习课程。从而使学生按这个级别的要求从容、有序地学习,争取形成积极的情感体验。

3.2.2　中期培养

在线学习时,学生一方面不断地体验,另一方面又不断地遇到新问题。教师在线评阅或统计作业时可以发现一些普遍性的问题,经过5～6周的实践,教师应鼓励学生交流各自的学习方法,从而来解决学习中的普遍性问题。在这个阶段,教师要多关注学生的学习状态和在线学习的内容,及时解决他们在获取信息等方面的问题,使学生感到学得自由、便捷。当教师发现学生"信息迷航"或"信息偏航"时,应及时给予提醒,调控其学习行为。当教师发现学生"信息超载"时,需要建议学生兼顾平衡等。教师须鼓励学生用不同的方式记录和交流学习体会,倾听各种感受,从理性的角度体会自主学习的优越性,克服盲目性。

3.2.3　后期培养

网络学习的后期(第10～17周)是系统的阶段性成果的展示期。在此期间,学生的情绪一般都比较稳定,每次在线时都有大量的信息输入和输出,感受或享受行之有效的学习策略和方法。此时教师仍然需要提醒学生积极参加与同学的交流,从交流中体验愉悦和成功。形成各自的学习风格。

3.3　强化学习者的自控与反思能力

Flavell(1976)认为元认知的核心是对个人认知活动的监视和控制。从理论上来说,网络自主学习的开始就意味着学习者的学习过程由外部控制转向了内部控制。但是,实践表明,这种转变不是一蹴而就的,而是需要师生的一番共同努力。

3.3.1　过渡性的外部监控与指导

学习行为的控制应与学习方式和学习目标相吻合,这一点在课程开始时就需要引起师生的十分的关注。进入大学以前,大部分中国学生习惯于老师具体怎么说他们就怎么做。因此,在自主的开放的网络学习环境中,根据笔者的问卷调查和现场观察,大部分学生(约90%)不仅不能迅速地转变这种习惯,相反,当教师不在身边时,他们会放任自己,在联网的电脑上争分夺秒地浏览中文网站、收发中文电子邮件等。鉴于这种现状,下列外部因素的介入具有一定的必要性。

(1)机动的控制性网络学习。每个学生必须按规定到语言实验室上机注册并进行在线学习,在连续的90分钟内(两节课),学生的精力主要投放在相关的网络课件上(计算机在最后的十几分钟内才与国际网联通)。

(2)机动的指导性网络学习。每个教师在两三个教室内不停地巡视并答复学生的咨询,使学生感到教师就在身边支持他们。教师还需特别关注学生的学习状态,倾听他们的反馈,解决他们的困惑和技术难题。

外部因素介入幅度的大小取决于学生的内部控制能力的变化,他们的内部控制能力发展得越快越强,外部因素的介入就应越少和越小,从而使传统的"教师责任制"课堂逐步转换成"学生负责制"的自主学习环境。

3.3.2　周期性地激发反思意识与能力

尽管对于大学生来说,反思能力或多或少人人皆有,但在自主学习的环境中,反思意识与反思能力需要有计划地激发与培养,即对要解决的问题、目标和要求,以及方法的选择、知识的准备、操作的过程和答案的匹配进行周期性的反思,并持之以恒,使之成为他们的学习习惯。

(1) 过程前反思。经过分级考试,学生了解了自己的英语水平与课程教学要求之间的差距后,需要认真思考如何确保学习成功。教师必须坚持用网络手段激发和督促每个学生根据他们所了解的关于他们的个体知识、认知任务的知识和认知策略的知识来思考:

网络自主学习的目标是什么?

网络自主学习的好处是什么?

网络自主学习的结果我敢承担或能承担吗?

什么是自己的学习重点与难点?

什么是自己的成功的学习策略与方法?

(2) 过程中反思。过程中反思常常发生在期中测评后。经过测评、交流和深度反思,学生必然要对学习方法和态度作某些调整,并充分认识这些调整的合理性和有效性:

网络自主学习的环境适应了吗?

需要调整学习内容和重点吗?

需要调整精力和时间的投入吗?

需要调整学习方法吗?

需要继续与他人交流学习的感受吗?

(3) 过程后再反思。通过一个学期的学习和期末测试,学生应该进行认真的总结。与同学比较,与自己的过去比较,每个人可以逐步分析出进步与失误的原因,并总结出自己的最佳学习策略。使第二阶段的网络自主学习获得更好的效果。思考的问题大致如下:

自主学习的时间与效果成正比吗?

自主学习的有效的方法是什么?

自己乐意接受"学习结果自负"的现实吗?

自我监控对自主学习的价值是什么?

网络自主学习的教程有缺陷吗?

网络自主学习对职业生涯有积极的意义吗?

中国古代教育家孔子在《论语》中提出："学而不思则罔,思而不学则殆",这里的"思"就是"思考"与"反思"的意思,它精辟地反映了学习和反思的关系。1989年波斯纳提出个体成长的公式:经验＋反思＝成长。他认为没有反思的经验是狭隘的经验,至多只能形成肤浅的知识。

4　总结

元认知被当代心理学家视为思维结构中最高级、最核心的因素,并且是开发智能、提高学习能力的关键和突破口,是各项认知活动所具有的最本质特征。但是,在网络自主学习的环境中,由于网络的潜在优势与潜在劣势共存,又由于大学英语网络学习者大多是二十岁左右的年轻人,他们的自控能力很有限,并且参差不齐。所以,在网络自主学习的相当一段时间内,为了真正提高学生的学习功效,教师必须为学生建立外部监控与内部调控的转换机制与节奏,创造完善的元认知能力发展的环境,使学生逐步学会自我认识、自我反思、自主选择、自我调控和自我负责。这是学生心智走向成熟的标志,也是网络自主学习的功效所在。

原载《东华大学学报(社会科学版)》2010 年第 9 期

论视觉多模态话语的符号间性与认知功效

戴培兴　荣盈盈　阮　瑾　吴苏苏

摘要:视觉多模态与人们的认知有着密切的关系,本文首先介绍多模态的基本概念与认知的一般过程;然后系统地阐述视觉多模态作为社会符号形态的符号间性和认知功能。但是,本文的重点是根据不同模态与不同模式的阅读实验数据以及阅读者在实验中所发生的物理动作和心理活动的数据,采用对比法多维度地分析和解读多模态话语和单模态话语在阅读理解、词汇的短期记忆与长期记忆中所产生的差异,从而揭示了视觉多模态话语的认知功效及其相关因素。

关键词:多模态话语　视觉　认知　功效

0　引言

随着数字化信息技术的飞速发展,一场革命已经在教育、文化、传播等领域里悄然发生,其结果就是在公共交流中,语言和文字的传统地位已经被撼动了,一种全新的多模态的话语形式已经深入到人们生活的方方面面(Kress 2000),甚至越来越多地处于突出的地位。

1　多模态话语

多模态话语是人类的生物性特征的表现,它涉及多种感官的应用。人类可以通过不同的感官实现多重模态的交际:视觉模态(眼)、听觉模态(耳)、味觉模态(舌)、嗅觉模态(鼻)和触觉模态(皮肤)。从技术的意义上来说,多模态可解释为专指融合两种以上"传播手段、方式或载体"的、人机交互式的信息交流和传播的媒体。从符号学的意义上来说,多模态是指在交流活动中不同符号模态(semiotic mode)的混合体(Van Leeuwen 2005),同时也可以表示不同的符号资源(semiotic resource)被调动起来,在一个特定的组合中共同构建意义的各种方式(Baldry & Thibault 2006)。也有符号学者认为,判断多模态的标准有两条:一是看话语中涉及的模态种类有多少;二是看话语中涉及的符号系统有多少。虽然视觉模态只涉及了一种模态,但是其中所使用到的符号系统常常包括了文字和图像两种。因此,这种"图文并茂"的话语通常也被称为多模态话语(朱永生 2007)。在现实生活中,语言符号与非语言符号,如标志、图像、手势、表情和颜色等,一起形成一种更为宽泛的符号资源,它们具有相同的地位,共同参与意义建构。

2　话语多模态与认知心理

话语多模态是人类交流或人际交流的自然形态。实验心理学家 Treicher 的实验证明:人类获取外部世界的信息途径,83%来自视觉,11%来自听觉,还有 6%来自嗅觉、触觉和味觉(高定国、肖晓云 2004)。来自不同途径的信息都会刺激大脑的认知。认知有许多组成部分,如感觉、知觉、注意、记忆、动作、思维、学习、语言等,它们相互依赖、相互影响(唐晓威 2007)。认知心理学认为,认知是指通过心理活动获取知识或经验,这是人类最基本的心理过程。人脑接受外界输入的信息,经过大脑的加工处理后,转换成内在的认识活动和意向活动,即从感知和思维转到欲念、动机、意图、情绪、意志等。这种转换过程就是人类的认知过程或信息加工过程。话语多模态为人际交流提供了最优的信息输入方式和最佳的信息输出方式,满足了人类个体的认知活动的需要和实际应用的需要。

3　视觉多模态的符号间性

视觉系统是人类获取外部世界信息的主要方式,"视觉多模态指的是除了文本之外,还带有图像、图表等的复合话语…"(李战子 2003),或"超出文字语言符号以上的多种符号语篇"的话语(曾蕾 2006)。所以,它们之间应有某种相互作用的功能或特性:

3.1　语义互补性

功能语言学家 Halliday(1994)认为,现实世界是由各种过程组成的,其中有物质过程、心理过程、关系过程、行为过程、话语过程和存在过程。图像不具备表现所有过程的能力,它难以甚至不能表现心理过程和关系过程等,对图像来说更容易表达的是物质过程、言语过程和存在过程。而文字却擅长于描述心理过程、行为过程和关系过程。因此,视觉多模态可以弥补对方的不足或缺陷,使它们两相呼应,互为补充(Kress & Van Leeuwen 1996)。

3.2　语境协同性

从系统功能语法的角度来看,如果将整个静态的"图文并茂"的视觉多模态看成是一个语篇,那么图像就是文字的语境。反之,文字就是图像的语境。二者互为语境,在意义的现实化过程中互相作用,相互修剪无关的意义衍生,更加明确地限定了语篇的意义范围,从而帮助读者筛选出恰当的意义潜势。二者之间的关系是两相独立却又相互协同的。

3.3　形式独立性

尽管视觉多模态中的文字和图像是在共建同一主题和语篇,实现相同的交际目的,但由于它们是不同的模态,两者有不同的表达意义的形式机制。图像模态以视觉语法表达意义,使语篇产生具象和情景的特点。而文本模态以功能语法表达意义和生成意境。它们在建构语篇整体意义上都各有自己特殊的贡献。

3.4　色彩冲击性

视觉多模态不仅仅包括语言和非语言符号的形态,也包括这些符号本身的色彩。色彩是一种自然属性,人的视觉对于色彩有特殊的敏感性,俗话说"远看色彩近看花,先看颜色后看花,七分颜色三分花"。这就说明,色彩对人的视觉有强烈的冲击性。色彩是与人的感觉(外界的刺激)和人的知觉(记忆、联想、对比……)联系在一起的。人在不同颜色的环境中,脉搏、血压、情绪和脑电波都会有明显的不同,这是因为人的生理会产生电化反应。色彩心理学家认为,在自然欣赏和社会活动方面,色彩在客观上是物质世界的反映,但在主观上又是一种心理感受和行为反馈,色彩感觉总是存在与色彩知觉之中。

4　认知功效的对比实验

鉴于视觉多模态话语在认知理论方面的诸多优势,作者精心设计了下列实验,以揭示它对学生的认知产生怎样的实际效应。

4.1　实验方法

参加本实验的对象为上海某高校"大学英语"课程二级起点的两个小班的学生,共 62 人,其中一班 32 人,另一班 30 人。其课本为《新视野大学英语(2)》。由于他们的英语分级测试成绩基本在同一水平,所以这两个班的学生分别代表了实验组和对照组。

本次研究为定性与定量分析相结合,具体方法如下:①阅读理解测试;②词汇测试;③关于物理动作与心理活动的问卷调查(15 项)。其中,阅读材料来源于《大学英语全新版(3)综合教程》,内容为学生熟悉度不高的科技型题材,全文共 1333

个单词,其中生词41个左右(约占3.1%),生词量很接近常规比例(3%);阅读理解测试题大都源于该阅读材料中的课后练习,并改编成选择题;问卷调查采用流行的语言学习策略量表(Oxford's SILL)和认知行为量表。根据本研究设计,提供给实验组学生的阅读材料为多媒体网络课件,其中包括彩色图片18个,蓝色标记词6个。实验组的学生借助语言实验室的电脑阅读此课件,他们可以点击课件中的超连接,欣赏不同的画面,感受丰富的色彩等;而提供给对照组学生的只是传统的白纸黑字的阅读材料。

4.2　实验过程

在学生知识背景和测试要求基本相同的条件下,两组实验分别按下列程序进行:

步骤一:在做实验时,要求实验组和对照组的学生分别在30分钟内完成阅读与理解测试题(10个)。

步骤二:上述阅读与理解测试进行过后,在两组学生都无法再接触到阅读材料的情况下,要求他们在5分钟内完成词汇短期记忆测试(35个词)和关于物理动作与心理活动的问卷调查。

步骤三:上述调查结束后,再过10分钟,分别要求这两组测试者在5分钟内完成词汇长期记忆测试(35个词)。

上述实验完成后,把所有数据输入计算机,用SPSS进行分析,统计平均值、标准差、One-way ANOVA,以及其他相关系数。

事后,作者又以同样的步骤补充了另一组实验,共有39名学生参加,其英语水平与前两组相同。此实验组(非限制组)在阅读与理解测试的时间和任务两个方面不受限制。实验结果用来与实验组和对照组分别进行对比。

4.3　实验结果分析

表1中所显示的实验数据反映了部分的认知功效。在对测试材料相关内容熟悉程度和兴趣度无明显偏差的情况下(区分度[①]分别为.971和.308),实验组和对照组的认知结果对比如下:

A. 在阅读注意力跨度方面,实验组与对照组之间存在十分显著的差异,区分度为.000。

B. 在新词词义的短期记忆方面,实验组明显多于对照组,区分度为.025。

C. 在新知识点的长期记忆方面,实验组也多于对照组,区分度为.049。

---

① 区分度以0.05为分界点,0.05以下为大,0.05以上为小。

D. 在文章与词汇的综合理解方面,实验组明显优于对照组,区分度为.036。

E. 在文章、词汇和问答的综合测试方面,实验组也明显优于对照组,区分度为.045。

表 1 实验组与对照组的对照

项 目	组 别	平均数	标准差	F 值	P 值
相关内容熟悉度	实验组	3.81	0.74	.00	.971
	对照组	3.23	0.77		
测试材料兴趣度	实验组	3.22	0.83	1.06	.308
	对照组	3.20	0.96		
阅读注意力跨度	实验组	17.44	10.70	22.92	.000
	对照组	8.07	6.36		
新词词义的短期记忆	实验组	14.31	4.03	5.32	.025
	对照组	10.10	2.98		
新知识点的长期记忆	实验组	3.63	1.13	4.04	.049
	对照组	3.30	1.53		
文章与词汇的综合理解	实验组	6.66	1.98	4.61	.036
	对照组	6.30	1.34		
文章、词汇与问答的综合测试	实验组	13.56	2.51	4.20	.045
	对照组	13.17	1.49		

4.4 讨论

对比测试的结果表明:视觉多模态的阅读方式,在有时间限制的条件下,比单模态更具优势,它能非常明显地延长读者的注意力跨度,显著提高读者对文章和词汇的理解水平,尤其能很明显地促进读者对新词词义的记忆。然而,在深入研究多模态话语的认知功效时,我们还需要认真思考以下几个关系。

4.4.1 多模态信息输入与时间压力的关系

实验结果明确显示,由于受到 30 分钟的时间限制,实验组成员不能充分"点击"图片,也不能充分利用多模态来增强理解和记忆(点击数为平均 22.97 次/30m)。可是,在无时间限制的情况下,非限制组成员对图片和其他超连接的"点击"就远远超过有时间限制的实验组,点击数为平均 31.90 次/45m(平均用时),区分度为.025(表 2)。因此,多模态阅读并不节省工序。

表 2　实验组与非限制组对照

项　目	组　别	平均数	标准差	F 值	P 值
点击数	实验组	22.97	14.82	5.23	.025
	非限制组	31.90	24.51		

4.4.2　多模态信息输入与任务压力的关系

　　任务压力与时间压力往往是交织在一起的。有时间限制的实验组成员迫于时间压力,从而忙于测试任务的完成(平均完成量为 96.09%),无法尽兴地阅读各种图片和其他拓展类信息。相反,没有任务压力的非限制组成员则能更多地享用多模态阅读,但是,他们完成任务的比例就明显地降低了,按每人平均用时 45 分钟计算,他们完成了 91.41% 的任务),可是,如果按比例折算,在 30 分钟的时间内,他们仅完成了 60.94% 的任务)。相反,对照组成员在 30 分钟的时间内却完成了 97.23% 的测试任务(正确率和记忆量除外),因为他们只能进行单模态阅读,无法拓展信息。这就表明多模态阅读并不省工时。

4.4.3　多模态阅读与疲劳度的关系

　　在疲劳度方面,三组相比有显著性差异(表 3),有时间限制的实验组的疲劳感最强,平均值为 3.03;而对照组的疲劳感最弱,平均值为 2.50;非限制组居中,平均值为 2.62;三组区分度为.048。这就说明多模态阅读是最累人的。

表 3　三组对照(ANOVA)

项　目	组　别	平均数	F 值	P 值
疲劳度	实验组	3.03	3.14	.048
	非限制组	2.62		
	对照组	2.50		

5　结论

　　正如 Norris 所说,现实生活中"所有的交际都是多模态的,并且已渐渐远离了在交际中总是语言起中心作用的状况"(2004)。视觉多模态以其文字、图像、色彩的天然和综合的优势,在阅读中强化了学生的认知活动。这是由于在意义创建的过程中,"静态图文"视觉多模态相互依存,相互协调,互为依托。图像的视觉语法和文本的功能语法共同构建了视觉多模态话语的完整的语篇、语境和语义。同时,由于多彩的视觉多模态本身具有强大的吸引力,并对读者的视觉具有强大的冲击力和对记忆产生持久的渗透力,其认知功效得到更充分的显现。但是人们的大脑在信息处理的过程中,不可避免地受到时间压力和任务压力的影响,这就使人们的大脑在认知过程中所消耗的能量明显加大。因此,作者认为:多模态话语的认知功效是相对的,它是以时间为做工成本的,以精力耗费为代价的。然而,由于视觉多模态具有天然的吸引力和冲击力,这种成本和代价以及由此而引起的疲劳常常被忽略。如果我们充分认识到话语多模态对认知的积极作用,同时也充分认识到提高认知功效的相关条件,那么多模态英语教学就会开展得更趋合理和更加有效。

多模态语言输入与英语阅读效果研究

阮　瑾　戴培兴　荣盈盈　吴苏苏

摘要:语言输入在现代技术的推动下呈多模态化,输入的信息量大、且呈现形式多种多样。本文作者以输入假设理论、多模态语篇分析为基础,研究多模态信息输入与阅读效果之间的关系。通过实验,笔者发现多模态语言输入比单模态的文字输入对阅读者的心理和记忆力方面都产生了积极的作用,阅读效果也有显著优势。

关键词:语言输入　多模态　阅读效果

0　引言

科学技术的迅猛发展,给人们带来了一场"阅读革命":人们可以随时随处用手机、电子阅读器等看书、读报、听音乐、看电影,还可以随时在微博上发表自己的感受。在数码技术、多媒体技术和网络技术的共同影响下,人们发现,意义不只出现在文字里,视觉符号如图像、照片、颜色及其他传统习惯中被认为是非语言的符号,如音乐、动作、表情等,越来越多地处于一种突出、甚至是中心地位。这些符号不再仅仅是一种交流的形式,而是一种表达意义的手段。语言的地位发生了变化。语言不再是呈现经验和交际的唯一手段。一种全新的多模态(multimodal)表达形式已经涉及人们生活的方方面面(Kress 2000)。这种文字、声音、图画、动作等共现和互补的多模态意义表达和交际手段,正悄然改变着人们传统的思维方式、欣赏习惯和表达模式,也同样冲击并影响着教育的改革和创新。

话语的多模态性受到了人们越来越多的重视。国内已有多位学者(李战子2003;胡壮麟 2007;朱永生 2007;张德禄 2009 等)对多模态话语分析理论进行了介绍,多模态话语分析技术也发展迅速,研究对象从语言文字扩展到音乐、图片、影像、网页设计等多种社会符号系统(朱永生 2007)。只是用多模态的技术方法开展外语教学的研究与应用还不多见。本文主要研究多模态信息输入与阅读效果之间的关系,并探讨如何将多模态信息输入运用于外语教学中。

1　理论

模态是指人类通过感官(如视觉、听觉等)跟外部环境(如人、机器、物件、动物等)之间的互动方式(顾曰国 2007)。多模态话语指运用听觉、视觉、触觉等多种感觉,通过语言、图像、声音、动作等多种手段和符号资源进行交际的现象。"多模态文本"则指装载多模态活动的、经过数字化后计算机可以处理的含音频的视频流。一个多模态文本就是一段关于某项多模态活动的含音频的视频流。对这样的文本进行分析就构成多模态文本分析。一个多模态文本的逻辑媒介往往作为一个独立的视频文件,其物理媒介可以是 VCD,或 DVD,或硬盘上的物理空间。

外语学习首先是从语言的输入开始的。根据输入假设理论(Krashen 1983,1985,1994),在第二语言习得的过程中语言输入是第一性的,语言习得是通过接收大量的"理解性输入"(understanding input)而产生的。克拉申认为:语言习得有赖于大量的语言输入信息,而这种语言输入必须是有效的,可理解的。如果学习者接受了可理解性的输入,"习得"(新的语言形成及其意义的下意识的内化过程)将会自动发生。要使"习得"发生,学习者需要有接触到可理解性输入的渠道,和一个较低的、对输入开放的情感过滤。克拉申用 i 表示学习者现有水平,用 1 表示略高于 i 的水平。这就是克拉申的 i+1 语言输入原则。Krashen 确定了使输入成为可理解的两个主要途径:第一,i+1 即学习者能够理解的简化语言+一些学习者尚未习得的语言形式;第二,学习者能够利用语境信息帮助他们对包含未知语言形式输入进行解码,以便理解和习得。这样,学习者可根据自己的水平通过不断努力以及吸收所接触的语言材料,逐渐提高使用目的语的技能。

多模态环境下有丰富的链接,能提供足量的语言信息,可以使学习者根据自己的阅读需求选择适当的足量的信息输入,这样输入的语言信息既能达到他们可以理解的水平,又能满足 i+1 的条件;多模态环境下又有丰富的语境信息,有助于学习者对包含未知语言形式的输入进行解码,新的语言形式得以理解和习得。因此,多模态话语的输入是可以满足输入假设理论提出的习得条件的。但在多模态环境下的英语阅读效果究竟如何却不得而知,笔者认为有必要对此展开研究。

2　研究设计

目前大学英语教学中的语言输入主要分为听觉输入(听力) 、视觉输入(阅读) 以及视听输入(录像、电影、光盘等)。本实验采用的阅读材料来自《新编大学英语》第四册第八课 Cloning,字数为 1333。这是一个网络版的含音频和视频的具有超链接的多模态语篇。在网络多媒体教室中,学生可以根据自己的需要,点击寻找相关信息和背景知识。实验对象是本科大一非英语专业学生共 135 名。这批学生经过入学分级考试,以大学英语二级为起点,目前是三级水平。经过调查询问,笔者选择《新编大学英语》第四册第八课 Cloning,这样即能确保实验对象未曾阅读过此阅读材料,又符合 Krashen i+1 的语言输入条件。

2.1　实验假设

本项研究探讨非英语专业学生在不同的阅读环境下的英语阅读效果。本研究试图回答以下三个问题:①在多模态环境中,声音、图片、颜色是否对阅读者的心理产生积极作用?②多模态语言输入是否比单模态的文字输入产生更有效的阅读效果?③多模态语言学习是否比单模态学习更能增强记忆力?

2.2　实验方式与数据统计

本次实验对象分为三个组:组一(实验组)为多模态语言输入,阅读时间限定为 25 分钟;组二(对照组)为单模态文字输入,阅读时间限定为 25 分钟;组三为多模态语言输入,无阅读时间限定,以测试时间压力对阅读效果是否有影响。根据《大学英语课程教学要求》,阅读理解能力的一般要求和较高要求:能基本读懂一般性题材的英文文章,或能基本读懂英语国家大众性报刊杂志的一般性题材的文章,阅读速度达到每分钟 70 词。考虑到阅读过程中超链接点击的需要,因此该实验阅读时间延长,限定为 25 分钟。

实验对象在完成该语篇阅读后须做完三份问卷,时间不限:卷一为阅读与理解,测试阅读效果;卷二为理解与记忆问卷调查表,测试多模态非文字符号对阅读的影响;卷三是在间隔十分钟后进行;测试记忆效果。

本次调查采用的是问卷方式。在笔者发放的 135 份调查问卷中,收回有效问卷 101 份,有效率为 74.81%。本调研采用 Likert 五点量表形式,即:①非常不符合,②不符合,③不确定,④符合,⑤非常符合。受试者选取最能代表自己状况的选项。①到⑤选项分别记分为 1 到 5 分,分值越高代表受试者能力越高。根据 Likert 五点量表的规定,各项统计的一般值为 1.0。在对受试者的得分进行数据统计时,使用的是社会科学统计软件包 SPSS11.0 版。

2.3　实验结果与数据分析

实验中,大多数学生在二十五分钟内完成阅读,符合《大学英语课程教学要求》,对阅读理解能力的一般要求和较高要求。通过统计软件 SPSS,笔者把组 1 (实验组)和组 2(对照组)的问卷调查和测试成绩进行了对比分析。

在对测试材料相关内容熟悉度和对测试材料兴趣度无明显偏差的情况下（P值分别为：.971和.308），表1显示在阅读注意力跨度方面，实验组明显优于对照组，P值为.000。这说明丰富的链接、图片、声音等多模态形式可能更能延长测试者的注意力跨度。

表1

项　目	组　别	平均数	标准差	F 值	P 值
相关内容熟悉度	实验组	3.81	0.74	.00	.971
	对照组	3.23	0.77		
测试材料兴趣度	实验组	3.22	0.83	1.06	.308
	对照组	3.20	0.96		
阅读注意力跨度	实验组	17.44	10.70	22.92	.000
	对照组	8.07	6.36		

表2显示的是实验组和对照组阅读效果测试的结果。无论是在"文章与词汇的综合理解测试"还是在"文章、词汇与问答题的综合测试"方面，实验组和对照组都有显著性差异，P值分别为.036和.045。这说明多模态输入对阅读效果的作用还是显著的。

表2

项　目	组　别	平均数	标准差	F 值	P 值
文章与词汇的综合理解测试	实验组	6.66	1.98	4.61	.036
	对照组	6.30	1.34		
文章、词汇与问答题的综合测试	实验组	13.56	2.51	4.20	.045
	对照组	13.17	1.49		

表3显示的是记忆效果的测试结果。在"新词词义的短期记忆"方面和"新知识点的长期记忆"方面，实验组均优于对照组，区分度分别为.025和.049。这说明多模态输入在阅读的短期记忆和长期记忆方面都有一定效果。

表3

项　目	组　别	平均数	标准差	F 值	P 值
新词词义的短期记忆	实验组	14.31	4.03	55.32	.025
	对照组	10.10	2.98		
新知识点的长期记忆	实验组	3.63	1.13	4.04	.049
	对照组	3.30	1.53		

3　讨论

　　本次实验试图探索多媒体资源结合多模态语言输入与产出之间的关系。从实验数据可以看出,本次实验基本完成预设的目标任务。多模态语言输入的确对阅读者的心理产生积极作用并产生比较有效的阅读效果,同时在阅读的短期记忆和长期记忆方面也有一定的效果。究其原因,可能有以下三个方面:第一,在网络多媒体环境中,学生能比较容易地找到相关信息和背景知识。而背景知识的积累会使他们较易处理自上而下的信息,并理解有关这个话题的文章。同时,由于声音、图片、颜色等非语言符号的出现,使阅读者在自下而上的信息处理过程中也能较为轻松地对语言进行解码。第二,通过多媒体网络资源,以文字、语音、图像等多模态呈现出来的信息,较能激发学习者的兴趣,发挥主观能动性,提高自主学习的能力,取得较好的认知效果。第三,通过与受试者在实验之后的谈话,笔者发现:对比单一的文字输入,受试者更喜欢处于多模态语言输入环境下阅读,因为在阅读时,有了网络支持,遇到生词可以随时链接词典查阅,可以减轻因为生词障碍而产生的压力。因此,阅读者的焦虑感和紧张感相对较轻。这在心理上非常有利于阅读理解。

　　但是阅读是一个复杂过程。它既是一个由下而上和由上而下两种信息不断交叉处理的认知过程,又是一个读者与作者不断互动的心理过程。如果学习者过分关注图像或声音等细节,就会影响他们对概念或知识的整体把握。笔者注意到,大量的非语言信息和文字信息同时呈现也会使学生在构建知识体系时感到困惑。如何引导学生适度打开超链接,有待于师生进一步探索。在实验中,无时间限制多模态输入的组3,在阅读效果上略逊于实验组,说明一定的时间量限制可能会帮助读者把握整体篇章阅读和理解,而不至于迷失在多彩纷呈的网络世界里。

　　从实验中,笔者也发现一个现象:单一形式的信息输入如声音,颜色,图片等,对受试者在注意力跨度、文章理解和记忆力方面并没有造成显著差异。只有在声音、颜色、图片、文字等多模态形式共同作用下,才有可能延长测试者的注意力跨度(如表1所示)。但是多模态诸形式之间是如何共同作用的? 是均衡的还是有差异的? 差异又有多大? 这是本次实验的不足之处,应做进一步研究。

　　另外,工作记忆存在个体差异,而工作记忆的差异影响阅读理解。记忆对篇章的信息进行编码主要有三个层次:第一个层次是表层表征,记住的是具体的用词;第二个层次是命题表征,记住的是意义;第三个层次是情景模型,是篇章内容在真实世界里的情景(董燕萍 2005)。根据实验,三层记忆表征中,情景模型的记忆时间最长,其次是命题表征,表层表征记忆最弱。短时记忆存储中的信息是通过一种平行加工刺激的方式进行的,并以听觉和视觉的方式被表征。视觉中的图像与听觉中的言语声音都是输入信息。而认知主体对从多种感官获取的信息进行感知、解码、理解、编码,进而贮存、输出,这是符合人类认知规律的。表 3 的数据也表明在多模态环境下,受试者在词汇的短时记忆方面和篇章内容及新概念的长期记忆方面表现出了优势。但是,人的工作记忆非常有限。如何建立篇章的命题网络和情景模型,把新信息和在长时记忆里的已知信息整合起来以提高篇章的理解和记忆是值得进一步探究的。

4　结语

我国高校已迎来了 90 后的大学生,这一代大学生的阅读习惯和学习方式已与他们的前辈大不相同。他们时时处于音频、视频等多模态的环境中,对声音、图像等非语言信息比较敏感,对日新月异的电子产品深感兴趣。"听"声音、"看"图像与"读"文字一样,都成了他们获取知识和信息的主要渠道。在多模态语言教学环境中,学生英语学习的自主性和参与度都有了显著的提高。作为外语教师,应根据当代青少年的认知规律对自己提出新的要求,学会并充分利用网络、多媒体等现代技术,在教学中尽可能提供一个更加自然和轻松的阅读环境。本项实验结果对英语阅读教学有一定的积极意义。

参考文献

［1］北京东方正龙数字技术有限公司 NewClass DL700E 型数字语言实验室. 北京:北京东方正龙数字技术有限公司, 2004.

［2］陈璞,李晓茹. 当代美国英语词典[M]. 北京:商务印书馆国际有限公司, 2004.

［3］陈晓燕. 电子会话语篇的会话结构解析[J]. 外语教学与研究, 2007(5):338—344.

［4］戴峥峥,朱叶. 浅析大学英语多模态影视教学[J]. 吉林省教育学院学报, 2010(8):55—57.

［5］董明. 大学英语课堂"生生互动"模式初探[J]. 外语与外语教学, 2004(4):31.

［6］董燕萍. 心理语言学与外语教学[M]. 北京:外语教学与研究出版社, 2005.

［7］高等学校外语专业教学指导委员会英语组. 高等学校英语专业英语教学大纲[Z]. 上海:上海外语教育出版社, 2004.

［8］高定国,肖晓云. 认知心理学[M]. 上海:华东师范大学出版社, 2004:120—121.

［9］顾佩娅. 网络与外语教学[J]. 外语电化教学, 1998(1):89—92.

［10］顾曰国. 多媒体、多模态教学剖析[J]. 外语电化教学, 2007(2).

［11］何高大. 现代教育技术与现代外语教学[M]. 广西:广西教育出版社, 2002:27—31.

［12］何克抗. 现代教育技术[M]. 北京:北京师范大学出版社, 1998.

［13］何师胜. 办好校园英语广播电,提高学生英语水平[J]. 十堰职业技术学院学报, 2001(4):66—68.

［14］何伟. Will 与 Shall 的系统功能语法解释[J]. 外语与外语教学, 2003(3).

［15］何兆熊. 新编语用学概要[M]. 上海:上海外语教育出版社, 2002.

［16］贺晓东. 英语同义词词典[Z]. 北京:商务印书馆, 2003.

［17］侯春生. 浅析 shall 和 will 的活用现象[J]. 濮阳教育学院学报, 2001(1).

［18］胡春洞. 英语教学法[M]. 北京:高等教育出版社, 1990.

［19］胡文仲. 交际与文化[M]. 上海:外语教学与研究出版社, 1994:126—134.

［20］胡壮麟,朱永生,张德录. 系统功能语法概论[M]. 长沙:湖南教育出版社, 1989.

［21］胡壮麟,董佳. 意义的多模态构建——对一次 PPT 演示竞赛的语篇分析[J]. 外语电化教学, 2006(3):3—12.

［22］胡壮麟,朱永生,等. 系统功能语法概论[M]. 长沙:湖南教育出版社, 1997:135—

163.

[23] 胡壮麟. 大学英语教学的个性化,协作化,模块化和超文本化[J]. 外语教学与研究,2004,36(5).

[24] 胡壮麟. 计算机中介交流的社会语言学思考[J]. 外语电化教学,2007(1):3—3.

[25] 胡壮麟. 社会符号学研究中的多模态化[J]. 语言教学与研究,2007(1).

[26] 黄国文. 电子语篇的特点[J]. 外语与外语教学,2005(12):1—5.

[27] 黄建滨. "新编大学英语"的编写原则[J]. 高等理科教育,2003(6):115—118.

[28] 黄建玲. 听力理解中信息加工理论及其实践描述[J]. 外语电化教学,2004(8).

[29] 黄勇民. 现代英语惯用法词典[M]. 上海:复旦大学出版社,2006.

[30] 黄子东. 话题熟悉程度、语言水平和问题类型对 EFL 听力理解的影响[J]. 现代外语,1984(4).

[31] 蒋婷. 论学术英语中的情态模糊限制语[J]. 外语电化教学,2006(8):47—51.

[32] 蒋勋蓉. 利用网络学习系统,提高学生的自主学习能力[J]. 外研之声,2009(1):30.

[33] 教育部高等教育司. 大学英语课程教学要求(试行)[M]. 上海:上海外语教育出版社,2004.

[34] 卡西尔. 人论[M]. 上海:上海译文出版社,1985:41.

[35] 黎静. 在英语教学法中引入交际法的一些困难[J]. 重庆大学学报,2002,8(6):158—160.

[36] 李冬梅. 近十年来国内英语听力理解研究述评[J]. 外语界,2002(2):31—35.

[37] 李基安. 情态意义研究[J]. 外国语,1998(3):1.

[38] 李剑波. 论法律英语的词汇特征[J].中国科技翻译,2003(2).

[39] 李杰,钟永平. 论英语的情态系统及其功能[J]. 外语教学,2002(1).

[40] 李金霞.论语用学的合作原则与礼貌准则[J]. 社科纵横,2007(3):155—156.

[41] 李晶洁,赵晓临.庆贺杨惠中先生执教 50 周年暨应用语言学研讨会综述[J]. 外语界,2007(3).

[42] 李力.词汇触发:有关词汇和语言的新理论评介[J]. 外语教学与研究,2006(3).

[43] 李盛. 基于数字语言实验室的大学英语教学及对策[C]. 教育技术与外语研究,上海教育技术协会外语教育专业委员会,2005(2):62—67.

[44] 李惟嘉.外语多媒体教学的原则及实施[J]. 北京第二外国语大学学报,2001(4):24—29.

[45] 李蔚然. 网络语言交际对语言交际原则的运用和偏离[J].吉林大学社会科学学报,2004(2):54—58.

[46] 李荫华等. 大学英语——综合教程(全新版)[M]. 上海:上海外语教育出版社,2002.

[47] 李月林.英语电影欣赏教学新探[J]. 四川外语学院学报,2003(2):148—150.

[48] 李战子. 多模式话语的社会符号学分析[J]. 外语研究，2003(5)：1—8..

[49] 李佐文. 模糊限制语的人际功能[J]. 天津外国语学院学报，2001(3)：1—3.

[50] 林波，王文斌. 从认知交际看语用模糊[J]. 外语与外语教学，2003(8)：6—10.

[51] 林秋茗. ICQ 网上会话特点分析[J]. 外语电化教学，2003(2)：32—36.

[52] 刘根林. 网络资源在英语阅读教学中的尝试[J]. 中小学英语教学与研究，2003
(3)：56—60.

[53] 刘君涛. 语言与文化关系的重新认识[J]. 外语研究，2000(1)：25—28

[54] 刘龙喜. 英语情态动词研究[J]. 河西学院学报，2003(3).

[55] 刘绍龙. 背景知识与听力策略——图式理论案例报告会[J]. 现代外语，1996
(2).

[56] 陆萍. 关于僵化错误的两个成因及对策[J]. 语言与文化教育研究，2002(3)：84.

[57] 梅德明. 论系统外语教学[J]. 外语界，1989(4)：12—14.

[58] 苗惠. 教师心理场效应及其意义与策略刍议[J]. 外语与外语教学，2004(4)：28.

[59] 莫再树. 商务合同英语的文体特征[J]. 湖南大学学报，2003(3).

[60] 邱述德. 情态动词的语用分析[J]. 外国语，1995(4).

[61] 史旭升，吕艳萍. 图式理论在英语听力教学中的应用[J]. 外语电化教学，2004
(8).

[62] 孙毅宾，何瑞华. 从话轮和话轮转换的角度对英语自然会话和网络聊天室会话的
比较[J]. 外语与外语教学，2006(2)：13—16.

[63] 索绪尔. 普通语言学教程（中译本）[M]. 北京：商务印书馆，1996：66.

[64] 唐晓威. 统一框架下的心理学与认知理论[M]. 上海：上海人民出版社，2007，
209—215.

[65] 汪玲，郭德俊. 元认知的本质与要素[J]. 心理学报，2000(4)：458—463.

[66] 汪兴富，Davies, M. ，刘国辉. 美国当代英语语料库（COCA）——英语教学与研究
的良好平台[J]. 外语电化教学，2008(5)：27—33.

[67] 王逢鑫. 英语情态表达法[M]. 北京：商务印书馆国际有限公司，1996.

[68] 王清杰. 中国英语学习者情态动词语料库使用调查[J]. 哈尔滨学院学报，2005
(6).

[69] 王瑞昀，梅德明. 听力理解的认知与听力课教学[J]. 外语电化教学，2004(2).

[70] 卫乃兴，约翰·辛克莱. 语料库语言学的发展与前景 内容导读[J]. 现代外语，
2004b(27).

[71] 卫乃兴. John Sinclair 的语言学遗产——其思想与方法评述[J]. 外国语，2007
(4)：14—19.

[72] 卫乃兴. 词语搭配的界定与研究体系[M]. 上海：上海交通大学出版社，2002.

[73] 卫乃兴. 语料库语言学的方法论及相关理念[J]. 外语研究，2009(5)：36—42.

[74] 卫乃兴. 语料库语言学的学科基础与未来发展[R]. 上海：庆贺杨惠中先生执教

50 周年暨应用语言学研讨会，2006-11-05.

[75] 卫乃兴. 中国学生英语口语的短语学特征研究——COLSEC 语料库的词块证据分析[J]. 现代外语，2007(3)：280－291.

[76] 乌美娜. 中小学课程网络资源索引[J]. 清华大学出版社，2002.

[77] 吴世雄，陈维振. 中国模糊语言学：回顾与前瞻[J]. 外语教学与研究，2001(1)：7－14.

[78] 邢晓宇. 新闻英语中的模糊限制语分析[J]. 语文学刊，2008(8)：30－33.

[79] 徐畅贤. 英语模糊限制语的语用功能[J]. 外语教学，2006(4)：37－39.

[80] 雅各布斯，乔治，等. 共同学习的原理与技巧[M]. 北京：中央民族大学出版社，1998.

[81] 杨东. 语用、语境与英语情态助动词的意义[J]. 山东外语教学，2000(1).

[82] 杨国俊. 走出标准英语的误区[J]. 外语教学，2003(1).

[83] 杨惠中，卫乃兴. 中国学习者英语口语语料库建设与研究[M]. 上海：上海外语教育出版社，2005.

[84] 杨文坤. Will 和 Shall 的应用变化分析——一项基于语料库的研究[J]. 深圳信息职业技术学院学报，2006(2).

[85] 杨信彰. 英语的情态手段与语篇类型[J]. 外语与外语教学，2006(1).

[86] 杨真，陆达. 积极开展教育软件的评价工作[J]. 电化教育研究，2001(1)：51－53.

[87] 英语学习与交际大词典[M]. 北京：高等教育出版社，2007.

[88] 余建明. 松江校区外语广播电台与校园文化 教育技术理论与实践. 上海：上海外国语大学教育技术中心，2005(1)：31－32.

[89] 曾蕾. 动态多符号语篇的整体意义构建[J]. 外语艺术教育研究. 2006(3)：42－48.

[90] 曾立. 对网络交际语言情感符的语言学关照[J]. 外语电化教学，2003(6)：12－15.

[91] 曾瑜薇，胡芳. 英语学术论文摘要中的模糊限制语[J]. 山东外语教学，2005(2)：40－42.

[92] 张德禄. 多模态话语理论与媒体技术在外语教学中的应用[J]. 语言教学，2009(7).

[93] 张淑琴. 互动式教学法在理工科大学英语教学中的应用[J]. 高等理科教育，2003(6)：123.

[94] 章兼中，等. 国外外语教学法主要流派[M]. 上海：华东师范大学出版社，1985：239.

[95] 章振邦. 通用英语语法[M]. 上海：上海外语教育出版社，2001(2).

[96] 赵凌云. 基于语料库对中国大学生 Will 和 Shall 使用情况的研究[D]. 华中科技大学硕士论文，2005.

[97]　赵晓临,殷耀.语料库研究的课堂教学价值——评《从语料库到课堂:语言使用和语言教学》[J].外语界,2009(3):88—92.

[98]　郑毓信.认知科学,建构主义与数学教育——数学学习心理学的现代研究[M].上海:上海教育出版社,1998.

[99]　中华人民共和国教育部高等教育司[教育部高教司].大学英语课程教学要求(试行).上海:上海外语教育出版社,2004:5—6.

[100]　钟柏昌.学习软件质量评价[J].电化教育研究,2001(5):57—62.

[101]　周春萍."美思发"英语课件的设计与制作[J].外语电化教学,2004.

[102]　朱淑华.网络教学中大学英语教师的角色定位[J].北华大学学报(社会科学版),2005(6):93—96.

[103]　朱永生.多模态话语分析的理论基础与研究方法[J].外语学刊,2007(5):82—86.

[104]　Abras C. The Principle of Relevance and Metamessages in Online Discourse: Electronic Exchanges in a Graduate Course[EB/ OL]. [2007-03-18]. http://www. umbc. edu/ llc/PDFfiles/the principal of relevance. pdf.

[105]　Allen, John Robin. Kasilingam Periyasamy. Software Engineering Principles Applied to Computer Assisted Language Learning[J/OL]. http://www. calico. org, 2003-03-10.

[106]　Altenberg, B. On the Phraseology of Spoken English: The Evidence of Recurrent Word-combinations. In Cowie A. P. (ed.), Phraseology: Theory, Analysis, and Applications Oxford: Clarendon Press, 1998: 101—122.

[107]　Anderson, J. R. Cognitive Psychology and Its Implication[M]. NY: E. H. Freeman, 1985.

[108]　Bachman, LF. Fundamental Considerations in Language Testing[M]. Shanghai: Shanghai Foreign Languages Education Press,1999.

[109]　Baker L, Brown A. L. Meta-cognitive Skills and Reading[M]. New York: Longman, 1984:353—387.

[110]　Baldry, Anthony. Thibault, Paul J. Multi-modal Transcription and Text Analysis[M]. London and Oakville: Equinox 2006:21.

[111]　Barlett, FC. Remembering: A Study in Experimental and Social Psychology [M]. Cambridge University Press, 1932.

[112]　Biber, D. If You Look at Lexical Bundles in University Teaching and Textbooks [J]. Applied Linguistics, 2004,25(3): 371—405.

[113]　Biber, D. Lexical Bundles in University Spoken and Written Registers[J]. English for Specific Purposes, 2006(26): 63—83.

[114]　Bolinger, D. Meaning and Memory. Forum Linguisticum,1, 1976:1—14.

[115]　Brown, H. D. Principle of Language Learning and Teaching[M]. London:

Longman. 2000.

[116] Canale, M. & Swain, M. Theoretical Bases of Communicative Approaches to Second Language Teaching and Testing[J]. Applied Linguistics, 1980, 1(1): 147.

[117] Carrel, PL. Schema Theory and ESL Reading Pedagogy TESOL Quarterly[J], 1983. 12.

[118] Cowie, A. P. Introduction. In Cowie A. P. (ed.), Phraseology: Theory, Analysis, and Applications. Oxford: OUP. 1998: 1—20.

[119] Crystal D. Language and the Internet[M]. Cambridge: Cambridge University Press, 2001.

[120] DANES F. On Linguistic Analysis of Text Structure. Folia Linguistics VI[J]. 1970: 72—78.

[121] De Cock, S. A Recurrent Word Combination Approach to the Study of Formulae in the Speech of Native and Non-native Speakers of English[J]. International Journal of Corpus Linguistics, 1998, 3(1): 59—80.

[122] De Cock, S. Repetitive Phrasal Chunkiness and Advanced EFL Speech and Writing. In C. Mair & M. Hund (eds.), Corpus Linguistics and Linguistic Theory: Papers from the Twentieth International Conference on English language Research on Computerized Corpora (ICAME 20)[C]. Amsterdam: Rodopi, 2000: 51—68.

[123] Dickinson, L. Self-instruction in Language Learning[M]. Cambridge: Cambridge University Press, 1987.

[124] DISLER E. A. Words and Weapons: the Power of Discourse. Air & Space Power Journal, September Fall, Retrieved September 20, 2006.

[125] EGGINS S. An Introduction to Functional Systemic Linguistics[M]. London: Pinter Publishers, 1994:27.

[126] Ellis, Rod. Understanding Second Language Acquisition [M]. Shanghai: Shanghai Foreign Language Education Press, 1999.

[127] Fillmore, C. J. On fluency. In C. J. Fillmore, D. , Kempler, & W. S-Y. Wang (Eds.). Individual Differences in Language Ability and Language Behavior[M]. New York: Academic Press, 1979: 85—101.

[128] Firth. J. R. Papers in Linguistics 1934—1951[M]. London: Oxford University Press, 1957: 91.

[129] Flavell, J. H. Meta-cognition and Cognitive Monitoring: A New Area of Cognitive Development Inquiry[J]. American Psychologist, 1979, 34: 906—91.

[130] Flavell, J. H. The Nature of Intelligence[A]. L B Resnick (ed.), Meta-cognitive Aspects of Problem Solving[C]. Hillsdale, N J: Erlbaum, 1976: 231 —235.

[131] Fowler, H. W. A Dictionary of Modern English Usage [M]. New York: Oxford University Press, 1996.

[132] Gabrielatos, C. Grammar, Grammars and Intuitions in ELT: A second opinion [J]. IATEFL(170): 2—3.

[133] Goldberg, A. E. Constructions: A Construction Grammar Approach to Argument Structure[M]. Chicago, IL: The University of Chicago Press, 1995.

[134] HALLIDAY M. A. K. Language as Social Semiotic [M]. London: Edward Arnold. 1978:39.

[135] Halliday, M. A. K. Lexis as a linguistic level[A]. In Memory of J R Firth[C]. London: Longman, 1966: 148—162.

[136] Halliday, M. A. K. An Introduction to Functional Grammar [M]. London: Edward Arnold, 1994:106—107.

[137] HASAN R. Text in the Systemic-Functional Model. In Dressler W. (Ed.), Current Trends in Text Linguistics[M]. Berlin: Walter de Gruyter. 1978: 228—246.

[138] HAWKES T. Structuralism and Semiotics [M]. California: University of California Press, 1977. 86—88.

[139] Herring, S. , Nix, C. Is "Serious Chat" an Oxymoron? Academic vs. Social Uses of Internet Relay Chat[C] // American Association of Applied Linguistics. Orlando: FL ,1997.

[140] Herring, S. Interactional Coherence in CMC. Journal of Computer Mediated Communication[EB/ OL]. [2006-03-02]. http: // jcmc. Indiana. edu / index. html.

[141] Herring, S. Computer-Mediated Discourse [C] Deborah Tannen, Deborah Schfirin, Heidi Hamilton. Handbook of Discourse Analysis. Oxford: Blackwell, 2001:614.

[142] Hinkel, Eli. The Use of Model Verbs as a Reflection of Cultural Values[J]. TESOL Quarterly, 1995,29(2):325—343.

[143] Hoey, M. Lexical Priming: A New Theory of Words and Language[M]. London: Routledge, 2005.

[144] Holec , H. On autonomy: Some Elementary Concepts, in P. Riley(Ed.). Discourse and Learning. London: Longman. 1985:173—190.

[145] Howard, R. W. Concept and Schemata: an Introduction[M]. London: Cassel Educational, 1987. http: //www. gabrielats. com/Grammar-Intuition. htm, 2003. http://www. airpower. maxwell. af. mil/airchronicles/apj/apj03/fal03/ disler. html ♯ disler [OL]. 2003. 2008-01-06 http://www. cti. hull. ac. uk/ eurocall. htm, 2003-03-10.

[146] Hubbard, Philip. CALL Software Evaluation Guard[J/OL]. http://www.

owlnet. rice. edu/～ling417，2003-03-10.

[147] Hughes, A. Testing for Language Teachings[M]. Cambridge：Cambridge University Press，2000.

[148] Hunston, S. & Francis G. Pattern Grammar：A Corpus-driven Approach to the Lexical Grammar of English[M]. Amsterdam：John Benjamins，2000.

[149] Hyland, K Writing without conviction：Hedging in Science Research Articles [J]. Applied Linguistics, 1996,17(4):433—454.

[150] Hymes, D. On Communicative Competence[A] in J. B. Pride & J. Holmes (eds.) Sociolinguistics[C] Harmondsworth：Penguin, 1972:269—293.

[151] Johnson, K. An Introduction to Foreign Language Learning and Teaching[M]. Beijing：Foreign Language Teaching and Research Press & Pearson Education Limited，2002.

[152] JONASSEN D, PECK K, WILSON B. Learning with Technology：Technologies for Meaning Making [M]. Learning with Technology：A Constructivist Perspective. Upper Saddle River, NJ：Prentice-Hall, 1999:1—17.

[153] Jonassen, D. H. Thinking Technology：Toward a Constructivist Design Model [J]. Educational Technology, 1994(3):34—37.

[154] Jonassen, D. H. Learning with technology：A Constructive Perspective. NJ：Prentice-Hall. 1999.

[155] Kay, M & Roscheisen, M. Text-translation alignment[J]. Computational Linguistics, 1993, 19(1): 121—142

[156] Krashen, S. D. The Input Hypothesis：Issues and Implication[M]. London：Longman,1985.

[157] Kress, G & Van Leeuven, T. Reading Images：the Grammar of Visual Design. London：Routledge, 1996:16.

[158] Kress, G. & T. Van Leeuwen. Multimodal Discourse：The Mode and Media of Contemporary Communication[M]. London：Arnold, 2001.

[159] Kress, Gunther. "Multimodality" in Multiliteracies. Eds. Cope and Kalantzis. London：Routledge, 2000:182—202.

[160] Lakoff, G Hedges：A Study in Meaning Criteria and the Logic of Fuzzy Concepts [J]. Chicago Linguistic Society Papers, 1972(8):183—228.

[161] Lakoff, G. Hedges and Meaning Criteria[J]. Annals of the New York Academy of Sciences, 1973(211): 144—153.

[162] Landau, S. I. Cambridge Dictionary of American English[M]. Cambridge：Cambridge University Press，1999.

[163] Langker, R. W. Foundations of Cognitive Grammar：Theoretical Prerequisites [M]. Stanford, CA：Stanford University Press, 1987:57.

[164] Leeuwen, J. Van(2005, June 7). Science for the Information Age. Delft, ICT

Congress 2005：281.

[165] Levy, Michael. Computer-assisted Language Learning：Context and Conceptualization[M]. New York：Oxford University Press Inc, 1997(28)：121—128.

[166] Littlewood, William, Communicative Language Teaching[M]. Cambridge：Cambridge University Press, 1981.

[167] Lowyck, J. Design of Collaborative Learning Environments[J]. Computer in Human Behavior, 2001(17)：507—516.

[168] Lyons, J. Semantics[M]. Cambridge：Cambridge University Press, 1977.

[169] Malinowski, B. The Problem of Meaning in Primitive Languages. In Ogden C. K. and I. A. Richards (eds.), The Meaning of Meaning[M]. London：Routledge and Kegan Paul, 1923：296—336.

[170] McEnery, A., R. Xiao & Y. Tono. Corpus-based Language Studies：An Advanced Resource Book[M]. London and New York：Routledge, 2006.

[171] Myles, Susan. The Language Learner and Software Designer[J/OL].

[172] Norris, S. Analyzing Multimodal Discourse：A Methodological Framework[M]. London：Routledge, 2004：3.

[173] O'Keeffe A, McCarthy M & Carter R. From Corpus to Classroom：Language Use and Language Teaching[M]. Cambridge：Cambridge University Press, 2007.

[174] Palmer, F. R. Grammar[M]. Middle sex,England：Penguin Books Ltd, 1971.

[175] Palmer, F. R. Mood and Modality (2nd Edition)[M]. Cambridge：Cambridge University Press, 2001.

[176] Palmer, F. R. The English Verb[M]. London：Longman Group Ltd, 1974.

[177] Pawley, A. & Syder, H. Language and Communication, in Richard & Schmidt. (Eds.). Two Puzzles for Linguistic Theory：Native-like Selection and Native-like Fluency[M]. New York：Longman, 1983. 191—225.

[178] Prince et al. On hedging in Physician Discourse[J]. Linguistics and the Professions, 1982(6).

[179] Renouf, A. & J. Sinclair. Collocational Frameworks in English. In Aijmer, Karin & Altenberg, Bengt (eds.). English Corpus Linguistics：Studies in Honour of Jan Svartvik[M]. London：Longman, 1991：128—143.

[180] Reppen R. Review[J]. International Journal of Corpus Linguistics, 2008(13)：564—566.

[181] Roell, Christine. Intercultural Training with Films, English Teaching Forum, 2010(2)：2—15.

[182] Saussure, F de. Course in General Linguistics[M]. Beijing：Foreign Language Teaching and Research Press, 2001.

[183] Schmidt, R. The Role of Consciousness in Second Language Learning[J].

Applied Linguistics, 1990(11):129—158.

[184] Sinclair, J. Corpus, Concordance and Collocation [M]. Oxford: Oxford University Press, 1991.

[185] Sinclair, J. Progress and Prospects in Corpus Linguistics[J]. Modern Foreign Languages, 2004. 27(2): 114—128.

[186] Sinclair, J. SFLEP. COLLINS English Usage[M]. Shanghai: Shanghai Foreign Language Education Press, 2007.

[187] Sinclair, J. The Phrase, the Whole Phrase, and Nothing but the Phrase. In Granger, S. & Meunier, F. (Eds.), Phraseology: An Interdisciplinary Perspective [M]. Amsterdam/Philadelphia: John Benjamins Publishing Company, 2008: 407—410.

[188] Sinclair, J. The Search for Units of Meaning[J]. Textus, 1996, 9(2): 75—106.

[189] Sinclair, J. Trust the Text: Language, Corpus and Discourse[M]. London: Routledge, 2004.

[190] Skehan, P. A Cognitive Approach to Language Learning[M]. Oxford UK: Oxford University Press, 1998.

[191] Stern, H. Issues and Options in Language Teaching[M]. Shanghai: Shanghai Foreign Language Education Press, 1992.

[192] Tognini-Bonelli, E. Corpus Linguistics at Work[M]. Amsterdam/Philadelphia: John Benjamins Publishing Company, 2001.

[193] Van Leeuwen, T. Speech, Music, Sound[M]. London: Macmillan, 1999.

[194] Van Leeuwen, THEO. Media Discourse: Social Semiotics and the Study of Multimodal Discourse. An Interview with Theo Van Leeuwen [J]. Reconstruction. Spring 2005. 5. 2.

[195] Weinert, F. Introduction and Overview: Metacognition and Motivation as Determinants of Effective Learning and Understanding. In: F. Weinert & R. Kluwe(Eds.). Metacognition, Motivation and Understanding. Hillsdale, NJ: Lawrence Erlbaum Associates, 1987.

[196] Werry C. C. Linguistic and Interactional Features of Internet Relay Chat[M]// Herring S C. Computer2Mediated Communication: Linguistic, Social and Cross2Cultural Perspectives. Amsterdam: John Benjamins Publishing Co ,1996: 47—63.

[197] Widdowson, H. Aspects of Language Teaching[M]. Oxford: Oxford University Press,1990.

[198] William, M. The Concise American Heritage Dictionary[M]. Boston: Houghton Mifflin Company, 1980.

[199] Williamson, B. What Are Multimodality, Multi-Semiotics and Multiliteraies.

NESTA[Z]. Future Lab. 2003:2.

[200] Wilson, B. Constructivist Learning Environments: Case Studies in Instructional Design[M]. New Jersey: Educational Technology Publications, 1996.

[201] Zadeh, L. Fuzzy Sets, Information and Control[M]. New York: Academic Press, 1965.